就是喜欢美美的自己

张人之的私人美妆秘技

张人之
作品

中信出版集团 · CHINACITICPRESS · 北京

图书在版编目（CIP）数据

就是喜欢美美的自己 / 张人之著. —北京：中信出版社，2015.10

ISBN 978-7-5086-4589-6

Ⅰ.①就… Ⅱ.①张… Ⅲ.①化妆－基本知识 Ⅳ.①TS974.1

中国版本图书馆CIP数据核字(2015)第163844号

就是喜欢美美的自己

著　　者：张人之

策划推广：中信出版社（China CITIC Press）

出版发行：中信出版集团股份有限公司

（北京市朝阳区惠新东街甲4号富盛大厦2座　邮编　100029）

（CITIC Publishing Group）

承 印 者：北京盛通印刷股份有限公司

开　　本：787mm×1092mm　1/16

印　　张：9　　字　　数：70千字

版　　次：2015年10月第1版　　印　　次：2015年10月第1次印刷

广告经营许可证：京朝工商广字第8087号

书　　号：ISBN 978-7-5086-4589-6/G·1220

定　　价：39.80元

前言

从事了这么多年的化妆行业，我常常会惊叹造物主千变万化的创意：一样的五官——眉、眼、鼻、唇、耳，只要几分细微的不同，就能成就全然不同的、各具特色的脸。而身为造型师，最得意的一件事情，就是让不同的脸庞真正散发出光芒。

有些人让人无论从什么角度去欣赏，都觉得很舒服。比如高圆圆——生动的五官，加上始终挂在脸上的微笑，妆前妆后的她都是一样的令人感到舒服与自然。她很注重对内心修养的修炼，过重的妆容会掩盖她的这份修养，我通常会为她打造最接近她本身的妆效。但是有的时候，比如有些隆重场合，刻意描绘、适度控制的夸张妆容也会带来意想不到的效果。

高圆圆（摄影：陈漫）

而诸如李小冉，就属于在后天修养中慢慢越来越美的女生。她本身条件很好，具有较高的可塑性，妆容帮助她把优点扩大。在多年的学习中，她的个性越来越凸显，人也越来越美。

李小冉（摄影：陈漫）

有人说，我不过是个平平凡凡的女生，和那些天生丽质、耀眼美丽的明星相比，先天实在相差太远！想跟她们一样，也太难了吧？

我从来不否认这一点——漂亮女明星的先天的确非常有优势。那是她们的职业所决定的。但我也为很多普通的女性做过造型，她们所给我带来的惊喜，一点儿都不比明星们带来的少。只是，在接近完美的路上，她们需要付出更多一些的努力。而造物主，是一定会给那些聪敏、自信又努力的人以丰厚的回报的。

每个人都有一张独一无二的脸，每个人都有散发明星气质的潜质。这本书的目的，就是想帮助你发现并且打造明星脸庞，挖掘并且塑造你的明星气质。我把这个过程分为循序渐进的三步过程：*1) 发现自己的特点；2) 修正自己的缺点；3) 突出自己的优势。*

在第一章里，我会要求你先去发现自己的特点，包括缺点和优点，然后让我们一起来尽量修正你的缺点。

在第二章里，我要求你更进一步，让我们看看所谓的缺点是不是可以转化为一种优势？

在第三章里，你可以参考那些经典的明星妆容，然后尝试模仿这些技巧。熟能生巧绝对是真理。

当你开始想进行“创造”的时候，第四章也许能开启你的灵感之源。你学会了综合一切的条件为你所用，我相信，你已经可以毕业。甚至，你也许会比我做得更好。

我也发现，现在越来越多的男生开始关注自己的面子问题。这是一个好的趋势。男生的护理，其实也该从护肤保养甚至简易的妆容方面开始。当然这些理论比起女生要学习的课程而言，是要简单许多；但简单并不是简易，需要好好实践才能快速上手。

以下是我经常会被咨询的关于妆容的问题：

明星出门总是要两个小时的准备时间，可我早上只有 5 分钟时间，能不能化出一个完美的妆？

明星的脸看起来总是没毛孔，真是神奇！我的脸怎样才能这么光洁呢？

我的脸真大！我要跟范冰冰的脸一样尖，怎么伪装？

粉底、遮瑕膏、散粉，什么才是正确的化妆顺序？

我是男生。我想让自己看起来神采飞扬但绝对不脂粉气，我该怎么做？

我希望在读完这本书以后，你能够回答出这些问题。相信我，这些看似简单的问题，其实能够帮助你解决大部分的困扰。

张人之（摄影：韦来）

高圆圆

亲爱的人之：

为你开心，又一本新书问世！

看着你工作，是一件赏心悦目的事情，感谢你给了我那么多美好的瞬间！

亲爱的人之：

为你开心，又一本新书问世！

看着你工作，是一件赏心悦目的事情，感谢你给了我那么多美好的瞬间！

周冬雨

人之，我的好朋友，著名化妆师，跟他在一起的人都会被他独特的人格魅力吸引，冷静执着里总会不经意迸发出别样的绝妙想法。

人之，我的好朋友，著名化妆师，跟他在一起的人都会被他独特的人格魅力吸引，冷静执着里总会不经意迸发出别样的绝妙想法。

周迅

人之的妆清新素雅，
工作更是细致耐心，
我们是工作中的好搭档，生活中的好朋友。
很高兴能让更多人通过这本书了解很多简单又能让自己变漂亮的方法，
祝愿你的这本书大卖！

人之的妆清新素雅，
工作更是细致耐心
我们是工作中的好搭档，生活中的好朋友
很高兴能让更多人通过这本书了解很多简单又能让自己变漂亮的方法
祝愿你的这本书大卖！

Angelababy＆黄晓明

自信，会让女人更美！
美丽，从人之开始！

自信，会让女人更美！
美丽，从人之开始！

杨幂

在皮肤出现状况的时候，
人之的方法救了我的脸。
现在我把这些方法分享给大家。

在皮肤出状况的时候
人之的方法救了我的脸
现在我把这些方法分享给大家

范冰冰

神话之笔，绘出一张张美丽多姿的脸人之的妆容。
清淡时，让美丽无痕；艳丽时，让妩媚丛生。
用“美的缔造者”来形容人之，一点不为过之！

神话之笔，绘出一张张美丽多姿的脸
人之的妆容
清淡时，让美丽无痕
艳丽时，让妩媚丛生
用“美的缔造者”来形容人之
一点不为过之！

陆毅

美妆天王将带给你前所未有的崭新面孔。
祝张人之新书大卖！

美妆天王将带给你
前所未有的崭新面孔
祝张人之新书大卖！

李小冉

人之：

谢谢你每次都让我那么魅力且又自信地出席各种场合，你给我的美丽是淡雅的，却让人过目不忘的，谢谢你，我的朋友，最可爱的化妆师。

人之：

谢谢你每次都让我那么美丽且又自信的出席各种场合，你给我的美丽是淡雅的，却让人过目不忘的，谢谢你，我的朋友，最可爱的化妆师。

杨子姗

认识人之，是在一次杂志的拍摄工作，给我的感觉是：哇～一个好帅的“机器猫”！“好帅”当然不用过多的解释，你们懂的～“机器猫”当然指的就不是外形，而是他对“美丽”这件事的知识与资源都多得超出我想象，就像“机器猫”一样，可以变出很多让你变得更加美好的秘密武器和秘方。

皮肤长期处于过敏状态，是一直以来困扰我的事情，中药吃过，各种抹得药膏也擦过，可却从来都没好过，这只热情的“很帅的机器猫”了解状况后亲自调制了一套精油护肤品给我，不出几天，我竟然不再经常过敏了～偷笑～哈哈哈～

现在，牙齿的保养问人之，长痘痘了问人之，各种疑难杂症——问！人！之！

把这只“很帅的机器猫”推荐给你们！

要珍惜哦～

认识人之，是在一次杂志的拍摄工作，给我的感觉是：哇～一个好帅的“机器猫”！“好帅”当然不用过多的解释，你们懂的～“机器猫”当然指的就不是外型，而是他对“美丽”这件事的知识与资源都多的超出我想象，就像“机器猫”一样，可以变出很多让你变得更加美好的秘密武器和秘方。

皮肤长期处于过敏状态，是一直以来困扰我的事情，中药吃过，各种抹的药膏也擦过，可却从来都没好过，这只热情的“很帅的机器猫”了解状况后亲自调制了一套精油护肤品给我，不出几天，我竟然不再经常过敏了～偷笑～哈哈哈～

现在，牙齿的保养问人之，长痘痘了问人之，各种疑难杂症—问！人！之！

把这只“很帅的机器猫”推荐给你们！

要珍惜哦～

杨子姗

李冰冰

人之的妆看起来清亮干净，时尚感强，我很喜欢！

人之的妆看起来清亮干净，
时尚感强，我很喜欢！

黄圣依

人之的妆就像他本人一样，干净、清透，自然得不留痕迹，却又能抓住细节，展示神韵，我喜欢！

人之的妆就像他本人一样，干净，清透
自然的不留痕迹，却又能抓住细节
展示神韵，我喜欢！

殷桃

认识人之这些年，总能偷偷从他那里知道很多扮靓的方法和产品，我称之为“小绝招儿”！衷心的希望这本书能实实在在地帮助那些爱美的女孩子！

认识人之这些年，总能偷偷从
他那里知道很多扮靓的方法和
产品，我称之为“小绝招儿”！衷心
的希望这本书能实实在在的帮
助那些爱美的女孩子！

董刚

我一直把和我合作的彩妆师朋友称为艺术家，因为他们是有创造力和创新精神的大人物！在人之的书中，同样有很多值得我们去学习和借鉴的艺术元素。不论是生活妆容还是明星妆容，在他的作品中，永远呈现出来的是那么的鲜活出彩！

我一直把和我合作的彩妆师朋友称为艺术家，因为他们是有创造力和创新精神的大人物！在人之的书中，同样有很多值得我们去学习和借鉴的艺术元素。不论是生活妆容还是明星妆容，在他的作品中，永远呈现出来的是那么的鲜活出彩！

董刚

张骞文

我始终觉得，一个好的造型师，一定要自己美了，才能做出美的造型。看看人之，那么多年一直保持高颜值，他的经验，绝对不会错！

我始终觉得，一个好的造型师，一定要自己美了，才能做出美的造型。看看人之，那么多年一直保持高颜值，他的经验，绝对不会错！

张骞文
《Vogue服饰与美容》

陈漫

人之初美。

人之初美，
陈漫、

真正爱美的人，
创造真正的美！
韦来

韦来

真正爱美的人，
创造真正的美！

斯勤

预祝人之大师的美丽锦囊热销，并希望传播给大家无限的淡雅美妆智慧！

预祝人之大师的美丽锦囊热销，
并希望传播给大家无限的
淡雅美妆智慧！
好友：斯勤

目录 CONTENTS

有些人喜欢清淡的素颜，
有些人喜欢隆重的妆容。
不管你的妆容如何变化，
一些基础的步骤能够帮助
你在任何场合里、任何状
况下都能从容应对。

对于大部分女生来说，总是希望通过化妆来改善自己、甚至完美自己。掌握的化妆技巧越多，意味着你向完美更靠近了一步。

成功的模仿，就是创造的一半。在进行自我发挥之前，仔细模仿一些非常实用的妆容——你可以通过模仿去鉴别这些妆容是否适合你，也可以在模仿的基础上进行自我改造。

我一直坚持认为，自己是自己最好的造型师——特别是当你非常清楚自己的优点和缺点的时候，你就拥有了更大的发挥的空间，而且失误率很低。记住，有风险的创意才能引领潮流。而化妆也是一样。化妆品其实不需要那么规规矩矩地使用，有突破才好玩儿。

男生的皮脂腺和汗腺都比女性大，皮肤酸度也比女性高，分泌的皮脂和汗液多，脸上和身上的毛发也粗而浓。并且他们较女性更常在条件艰苦的环境下从事各项脏活、累活，皮肤更容易受污染、变黑、变粗糙。因此，男性更应该对皮肤进行科学、合理的护理和保养。

范冰冰（摄影：陈漫）

Part 1

基础妆容开启你的美美之路

有些人喜欢清淡的素颜，有些人喜欢隆重的妆容。不管你的妆容如何变化，一些基础的步骤能够帮助你在任何场合里、任何状况下都能从容应对。这些步骤包括：

1. 基础底妆
2. 日常腮红技巧
3. 睫毛膏使用技巧
4. 唇部护理
5. 发型打理
6. 题外话：基础肌肤保养（清洁、保湿与防晒）

零瑕疵清透无痕肌底秘诀

刘雯（摄影：陈漫）

如果只有5分钟时间化妆，你应该这么做。

如果只有5分钟时间化妆——我建议：用两分半钟完成底妆，30秒描画眉形，60秒刷好睫毛，30秒打完腮红，最后的时间画唇部以及定妆。

从这个时间分配上，我想要强调的是底妆的重要性。它永远是最重要、最值得你花精力的第一个步骤。“没有质感的肌肤，其他一切努力都是枉费。”

妆前底霜令肌肤重生

现在，很多人已经开始慢慢接受妆前底霜。妆前底霜的作用主要有两点：修饰和隔离。有色的妆前底霜可以很好地帮助调节肌肤的透明感、矫正肌肤色泽、均衡色差、暗化或者亮化肤色以及掩饰皮肤缺陷。

如何选择妆前底霜?

一看质地。好的妆前粉底应该质地细致，很容易抹匀，涂在脸上看不出痕迹。

二看色彩。不同色彩的妆前底霜有不同的功效：

白色及淡紫色底霜可以制造出白瓷般的平滑细致效果，也可以用来减淡过红或改善暗沉灰黄的脸色，使妆容更明净。细白的脸庞画晚妆最适合。

粉红色的底霜令脸色清新红润，对改善晦暗肤色，尤其是醉酒后第二天的难看脸色最具功效，能让苍白的脸庞变回健康光彩。

杏黄或桃红色底霜对调整晒黑的皮肤，微微晒黑或本身灰黄色的皮肤，都有去暗哑添光泽的功效。

淡绿色底霜对调整脸上的斑印、斑点有很好的效果，能够让面颊泛起自然而带橙色光泽的红晕，并矫正粉刺、毛细血管、晒斑和红润面色中的红色。

珍珠色粉彩可以用来缔造闪亮妆容；**金色粉彩**则专为享受完日光浴的肌肤和较黑的肌肤而设，令肌肤具有闪亮、古铜、健康的色彩；**咖啡色粉彩**涂在脸上，呈现出小麦色的健康肤色。

遮瑕的秘密

遮瑕产品能够针对面部各种不同的瑕疵起到遮盖的作用。首先要了解的是不同质地的遮瑕产品的特点。液态的遮瑕产品延展性和滋润度很高，适合用在脆弱、容易干燥的眼周，或者用以矫正、提亮肤色，帮助眼周以及脸部立体度的改善。膏状遮瑕产品则拥有比较好的遮盖力，便于携带，适合用在全脸。而固态遮瑕品则属于遮盖力非常优秀，但相对含水量低的，使用感受略微欠缺。

对于遮瑕产品的使用顺序，并没有强制性的规定。通常情况下，我喜欢在粉底液之前使用，因为粉底液可以把遮瑕产品的颜色稍微稀释，让遮瑕效果不露痕迹地呈现。如果瑕疵痕迹比较重，用完粉底液之后又有浅浅的痕迹，那么可以再加上一层遮瑕产品。

妆前底霜的使用方法：

用在保湿霜上面、粉底霜下面，或直接与粉底霜混合使用。但是如果有些女生已经利用隔离霜达到了隔离、润色、防晒三合一的效果，那么可以不必再使用。

人之推荐的妆前底霜

SK-II 透颜妆前底霜，因为添加 SK-II 独家三重珍珠融合科技呈现香槟金、高贵紫、优雅粉三色光彩，可以说是一款智慧底妆，保养的同时让彩妆更服帖。

SK-II 透颜妆前底霜
SK-II Brightening Lucent Base

模特孔令令（摄影：陈漫）

遮瑕时令人头疼的两大遮瑕难题就是黑眼圈和青春痘。

最简单的黑眼圈遮盖方法是：先用液态遮瑕笔矫正肤色，然后再上一层薄薄的粉底液，再使用遮瑕膏，最后用眼部专业蜜粉定妆。注意，如果眼部非常干燥，甚至有细纹，一定要避免使用干性的遮瑕产品，容易产生严重的卡粉。

青春痘的遮瑕问题比较敏感。因为青春痘属于皮肤问题，一旦出现这样的问题，最好不要在其产生的时候给肌肤更大的压力。情非得已一定要遮瑕的话，需要根据痘痘的不同情况进行不同的处理。

痘痘正在发炎？用遮瑕笔刷蘸取绿色膏状的妆前底霜在痘痘上方轻点。随后用面纸吸收多余油脂，再以笔刷蘸取遮瑕膏，从痘痘边缘由外而内刷开。定妆时，用干净的粉扑蘸取蜜粉在脸上拍打定妆。

痘痘已经破了？用保湿化妆水蘸湿化妆棉，湿敷在痘痘上三分钟。选择质地润泽的遮瑕膏，在破了的痘痘周围均匀点上，再用固态的遮瑕产品轻薄地遮瑕，最后用蜜粉轻轻按压定妆。

痘痘已经结疤？不要以为痘疤是已经安全了的痘痘，用手指遮盖一下就可以。痘疤容易呈现不规则的凹凸，很难遮盖。同样要先用化妆水湿敷浸润后，再以晕染的方式遮盖，最后用海绵蘸取蜜粉定妆。

人之推荐的遮瑕产品

Max Factor 完美遮瑕笔，首先它有方便的旋转式包装，精确控制用量，卫生方便。柔亮的滋润质地，既能遮盖瑕疵，还能作为高光使用，去除肌肤暗沉，精密细腻地照顾妆容的每个细节。除了有效遮盖暗疮印，还能遮盖色斑及暗沉位置（如黑眼圈）。

Max Factor 完美遮瑕笔
Mastertouch Liquid Concealer

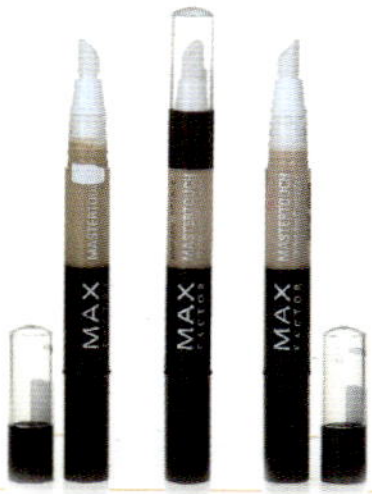

高圆圆（摄影：冯海）

Q&A

经常被问到的问题：我应该有几个颜色的遮瑕品？分别用在什么地方呢？

人之答：通常情况下最好准备深、浅两色，一种略深于本身的肤质，另一种则略浅。深色的主要用来遮盖本身的瑕疵，浅色的用来打亮暗沉的地方。总之，原则就是“先深后浅”。

高圆圆（摄影：韦来）

Q&A

经常被问到的问题：遮瑕膏究竟应该打在粉底前还是粉底后？

人之答：一般的顺序是先用粉底，随后在需要重点遮瑕的地方涂上遮瑕膏，再以散粉定妆。如果你的肌肤很好，平时不太喜欢用粉底，却常用遮瑕膏遮盖一些小斑点或者痘痘，那么在使用遮瑕膏前，需要用一些滋润的乳液，这会避免因为遮瑕膏太干而使肌肤出现起皮现象。

人之推荐的易用底妆产品

经典水润粉底霜

Max Factor 经典水润粉底霜，独有凝霜幻化水感科技的“幻化小魔饼”，备受专业彩妆师以及明星喜爱的粉底霜，可以通过三态转换实现理想的遮瑕饰色作用，带给肌肤无瑕水润体验，打造细腻底妆。适合毛孔粗大的 MM，即刻隐形毛孔。

双效盈润修护粉底液

Max Factor 双效盈润修护粉底液，采用金色包装的全新“天使精华级”二合一粉底，特别注入滋润保湿抗氧化精华组合，同步提供完美遮瑕与肌肤修护。配方中添加改善肤色问题的黄金搭档——烟酰胺（维生素 B3）与 N- 乙酰葡萄糖胺，淡化肌肤色斑，有效调节肤色。使用柔焦科技，能够填平粗糙肌肤表层。

柔滑自然粉饼 金色典藏版

Max Factor 柔滑自然粉饼（金色典藏版），问世于 1953 年的经典粉底，是蜜丝佛陀历史上首款集妆前打底产品和粉底于一身的多销产品。Max Factor 倾情打造金色典藏版，纪念柔滑自然粉饼诞生 60 周年，延承了 Max Factor 柔滑自然粉饼的功效，打造立体的透明感底妆。

唯白双效粉凝霜

SK-II 唯白双效粉凝霜的“智慧遮瑕技术”，有效遮盖肌肤瑕疵的同时，完美反射红蓝双色光线，使肌肤呈现自然亮泽。

量身选用专属于你的粉底

基本法则：粉底的颜色应在涂抹后彻底融合在肤色中，眼睛看不到粉底和肤色之间的差别。

购买技巧：取少许粉底涂抹在下颌上，然后拿镜子在自然光下仔细观察。如果看不出区别，那就是适合自己的颜色。千万不要在手腕或者手背上试颜色，下颌与颈部才是最好的测试部位。

色彩选择：选粉底的时候，不要一味以遮瑕度为主要考量，粉底主要是让肤色看起来均匀透亮。有很多智慧型的粉底能利用光泽感达到轻薄遮盖的效果。如果脸色和脖子有色差，就挑选两者的中间色。比较适合东方人的一般都是以黄色为基本颜色的粉底，有些人的皮肤白皙粉嫩，可以使用粉色为基底的粉底。有些人想营造出健康的太阳肤色而使用色彩较暗的粉底，这样反而会令肤色暗哑，而且跟皮肤边缘无法自然融合。

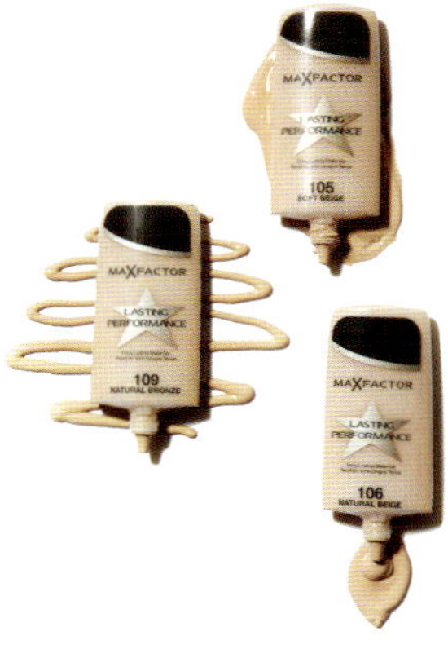

翟颖（摄影：陈漫）

Q&A

经常被问到的问题：我该用手指还是用化妆刷涂抹粉底呢？

人之答：这个问题不仅在涂抹粉底时经常被问到，包括涂抹眼影、腮红等问题的时候，我都会被问到。其实人手可以完成大部分的妆容工作，但化妆工具（包括化妆刷、海绵、眼影棒等）能让妆效更加完美、紧实，不易脱妆。理想状态下，化妆工具和手指一起配合，能让妆效最佳。但在你的时间非常紧迫的情况下，手指是最好的工具。

一些基础的手法

Step 1：遮盖

涂抹前，肌肤必须保持湿润洁净，可以涂抹一些有效的滋润产品，最好选择能让皮肤显得非常亮泽的润肤产品。擦上有防护功能的浅色底霜或遮瑕膏，来遮盖眼下暗暗的肤色。注意不要用力擦拭，否则会拉扯眼部娇嫩肌肤。用手指蘸取妆前底霜，点在脸部的中心位置。趁着不干的时候用两只手迅速向外侧延展、晕开，鼻翼、眼睛的部分要用指尖小心涂匀。

Step 2：涂抹

用手指蘸取一些粉底液，手法与妆前底霜一样，均匀涂抹。额头和两腮是最需要提亮强调的部位，要按倒三角的形状打上粉底液，然后用中指和无名指呈放射状向外晕开。注意涂抹方向是由上而下，否则会让毛孔和汗毛非常明显。

Step 3：调和

脸上涂抹的粉底液有薄有厚，最好用海绵轻轻地在脸上定一下妆，这样肤色会更均匀。在容易产生下垂阴影的部位如鼻梁、眼角、下眼睑、鼻翼、嘴角等部位，可以用比肤色亮一点儿的粉底来消除阴影。眼睑、耳部和下颌部分也要涂抹，充分融合。选择一块紧实有弹性的小身材海绵和需要突出的部位涂少许比基础底色明亮的粉底来提亮高光部位。

Step 4：制造暗影

适合脸部较圆润的女孩：做一个噘腮的动作，在两侧最凹的部位涂上深色粉底。用一个小海绵将粉底向周围扩散涂匀，用手指或海绵蘸些基础底色修整边缘直到看不见痕迹。但注意只有配合在脸部两侧和有骨骼转折的部位使用，才会达到收缩的视觉效果。

Step 5：定妆

用粉扑轻轻蘸上散粉，先弹掉多余的粉，然后轻轻地刷上薄薄的散粉。最好使用透明色或者无色的散粉，以保持皮肤的自然光泽。最后用大号的粉刷在发光部位清扫。如果要亚光的妆效，可以用蘸了少许散粉的丝绒粉扑轻轻按压一边，或者用喷雾矿泉水快速轻喷全脸并用一张面纸轻轻压在脸上，这样可以使底妆密实而不易脱妆，看起来也更清新自然。

模特李丹妮（摄影：韦来）

人之推荐的遮瑕产品

Max Factor 经典水润粉底霜，独有凝霜幻化水感科技的“幻化小魔饼”，备受专业彩妆师以及明星喜爱的粉底霜，可以通过三态转换实现理想的遮瑕饰色作用，带给肌肤无瑕水润体验，打造细腻底妆。适合毛孔粗大的人群，即刻隐形毛孔。

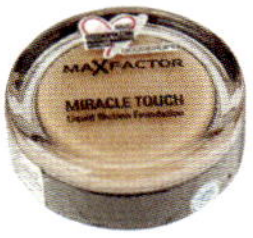

Max Factor 经典水润粉底霜

高圆圆（摄影：冯海）

一分腮红等于十分神采

腮红能在视觉上重塑你的脸型，能让你在数秒钟之内，肌肤变得完美自然红润。而错误地使用腮红也可能让你的脸显得浮肿而苍白。

质地不同，效果相异

在挑选腮红的时候，一定要注意好的腮红质地细腻，便于涂抹，感觉柔软滑润。目前市场上比较多的腮红种类包括：

粉状腮红

这是最常见的腮红用品，着色自然，因此是大多数人尤其是油性皮肤者的最佳选择。

但是必须使用腮红刷来涂抹：用刷子蘸取腮红粉后，轻轻敲掉上面多余的粉末，以免蘸取过量的粉末，随后以腮红刷轻轻打圈的方式将腮红从脸颊中间向外上色。上完粉质腮红后可用指腹推拭，以加强粉质腮红与底妆的融合感，可解决腮红刷得不够均匀的问题。

膏状腮红

膏状腮红服帖感极佳，且用量的拿捏度比较容易精准掌握，是初学者下手学习画腮红的优先种类。但是膏状腮红多偏属油质，适合偏干性肌肤的人使用。

使用时逐渐将腮红涂在脸上，然后逐渐加重颜色。如想营造出粉质效果，可在上完粉底后先涂抹膏状腮红，待上完蜜粉后再以粉质腮红调和，即会呈现出自然的粉质感。

液体腮红

液状腮红延展性高，所以比粉状腮红好控制，很容易晕染出自己喜欢的浓淡度，效果比较自然。可以画出轻盈的颜色，即使没有画过底妆的皮肤也可以自然地使用。

用手指就可以迅速涂抹腮红。注意，液状腮红要在上好粉底、使用蜜粉定妆前使用，这样才不会将妆面弄脏。然后再轻压上蜜粉，可以让妆效较为持久。

由于液体腮红的晕染效果极佳，所以除了可单独使用外，也可选择不同色系的粉质腮红做混色效果。液体腮红最适合年轻热情的妆容，显示出可爱的本质。

选择最安全的色彩

腮红的颜色选择是决定成败的关键。选择腮红的时候，可以在手背上试用，但最好的方式还是在自然光下，试用在你的脸颊上。

要注意的是，腮红是点缀你的脸，而不为单单突出自身；腮红的颜色过亮、过深或者过浅都是不正确的。生活中的腮红不能像T台上的模特，而应尽量显得自然不显眼。

因此接近肤色、略带润红效果的颜色是最好的。如果别人一见到你，就意识到你上了腮红，那么说明你的腮红颜色出现了错误。过于闪亮的腮红会让皮肤显得苍白，灰暗的腮红会让皮肤看起来暗淡无光。

最安全的做法

使用粉红、粉橘与介于这两者之间的轻淡颜色最能让脸色自然，如这三种颜色能备齐，视情况混合使用则效果更佳：想浓妆时，粉橘加重些；想要自然淡妆，粉红多加些即可。

基本准则

皮肤白皙的人适合淡粉色调；中间色皮肤的人适合浅棕色、粉红色调；黄皮肤的人适合粉玫瑰色和金土色，但避免使用桃红色或古铜色腮红；而棕褐色、深紫红色或红木色近于阴影粉，可以用来修饰脸型。有些人的脸颊部位皮肤很薄，毛细血管比较明显，因此会让皮肤经常呈现自然红，那么最好不要使用含有红色的腮红，代以黄褐色或者蜜色的腮红。

一些基础的手法

Step 1：寻找合适的腮红位置

尽量夸张你的笑容，随后找到颧骨上方两颊凸起的位置，以这个地方为中心轻扫腮红是最安全且简便的方法。

同时你也可以假想你的嘴角到耳朵中间位置的连线，随后沿这条线涂刷。

腮红的位置不正确会让你的脸型显得非常奇怪：涂得太低让脸部下垂；涂得太靠近鼻子会让脸显得窄而阴沉；面积太大又会让整张脸显得乡土而奇怪。

Step 2：不同质地的涂抹

粉状腮红在使用前应在手背上轻敲，弹去多余的腮红，随后用腮红刷以打圈的方式涂抹在两颊微笑时凸起的位置上。

使用膏状或者液体腮红，则可用手指指腹蘸取少许，以打圈的方式抹开。

如果不小心使用了过多的腮红，则可以用纸巾轻轻按压，擦去多余腮红。

Step 3：调和腮红与肤色

用画圈略向外延伸的方式刷腮红，向太阳穴方向匀开。接着用刷子轻刷或用手指轻揉颜色边缘，调和腮红与底妆，注意与鬓角处的自然隐没。

Step 4：腮红定妆

用散粉轻按脸颊，既可以帮助固定腮红，也可以柔和并减少多余的脂粉。

高圆圆（摄影：韦来）

三步打造
洁净卷翘睫毛

睫毛膏的分类

目前市场上的睫毛膏可以分为三大主要类型：浓密型、纤长型、卷翘型。根据个人的不同需要，可以选择适合自己的一款做日常使用，也可以用两款甚至三款配合使用，使效果最大化。

一些基础的手法

在涂睫毛膏的时候，遵循以下三个步骤，能让睫毛形成漂亮的形状：

Step 1：弯曲

先以睫毛夹夹出弯卷度。使用睫毛夹的力道要轻且均匀，从睫毛根部由内而外分多次夹卷睫毛。有些人的睫毛比较厚重，很容易就变直了，我建议可以在睫毛根部多用一点点力气。不要担心睫毛会弯成直角，因为刷上睫毛膏的时候，厚重睫毛就会一点点由直角变得圆润起来。

Tips

在睫毛上轻打一层蜜粉能让睫毛膏更浓密。

人之推荐的睫毛膏

Max Factor 臻密不凝结睫毛膏，全新革命性弯曲 3D 致密 iFX 刷头，结合沿袭经典王牌睫毛膏的浓密型睫毛膏体，刷出高清精致、根根分明的睫毛；三倍浓密，持久卷翘，有效减少上下睫毛拍打，从而减少自然晕染。开启睫毛“零结块”时代。

Max Factor 超越浓密睫毛膏，双头设计，具有金属质感。第一步，用一头刷出从根部到端部的浓密；第二步，用含有黑亮釉彩持久配方的另一头，一扫即现釉黑亮泽。

臻密不凝结睫毛膏

超越浓密睫毛膏

高圆圆（摄影：韦来）

Step 2：增长与浓密

以左右旋转的方式抽出睫毛膏，同时要先将头部过量膏液拭去。千万不要以上拉方式来蘸取大量的睫毛膏，这会带入空气促使其变干变质。

涂上睫毛时，将下巴微微抬起微微下视，水平拿着睫毛刷，放在睫毛的根部左右轻轻地摆动，由睫毛根部往尖端刷睫毛上半部，再张眼往上看，刷靠近眼睛的内半部睫毛。

涂下睫毛时，要将下巴向里收紧，垂直拿着睫毛刷，放在睫毛上，左右摆动睫毛刷的尖端仔细地涂抹。眼头、眼尾以及下睫毛较短的部分都可用睫毛刷的前端涂刷。

Tips

刷睫毛时，要用另一手辅助撑开眼皮，过5~10 秒才能眨眼，避免沾染。

在第一层睫毛膏干了后才上第二层，否则结块情形就会发生。

在睫毛根部使用浓密型睫毛膏能塑造眼线效果。睫毛膏停留在根部的时间，可以稍微久一点儿，相对的尾端蘸取量要少，避免加重睫毛负荷而使睫毛下坠失去卷翘效果。

在睫毛的梢部用纤长型的睫毛膏加长睫毛，能让眼睛变得更大。

Step 3：整理和清洁

这一步骤经常被人忽略，但它很重要，特别是对于平时用浅色眼影或不画眼影的人而言。因为涂抹睫毛膏的时候，无论技巧如何高超，都很容易涂抹到眼睑部位。因此用一根小棉签清理干净沾染到眼部的睫毛膏，能让妆容立刻精致起来。同时，棉签也可以帮助将粘在一起的睫毛分开；用棉签按压上睫毛内侧根部，可以补强卷翘度。

Tips

用一把小眉梳对刷好的睫毛简单梳理，能让睫毛根根分明，有加长的效果。

刷完睫毛膏后，若要再补强卷翘度，要等完全干以后再轻轻夹一下睫毛。

唐艺昕（摄影：贾川）

Q&A

经常被问到的问题：眼影、眼线和睫毛膏，是什么顺序呢？

人之答：通常情况下，在刷睫毛膏之前应该先画好眼影及眼线。随后，根据妆效对眼影、眼线进行修整。在时间很赶的情况下，我建议将重点放在睫毛的刻画上。因为巧妙地涂刷睫毛膏，能产生如同画了眼线一般的效果。

Q&A

经常被问到的问题：为什么一支睫毛膏用了一段时间后，就容易画出“苍蝇脚”？

人之答：那是因为睫毛膏是具有挥发性的彩妆品，“苍蝇脚”的出现说明了已经产生挥发结块现象。因此使用时尽量减少抽取次数，抽取时要采取螺旋式旋转手法，避免空气进入管内。还有，别忘记及时清洁管口和睫毛刷柄，防止干结的残留物影响产品的质地。一支睫毛膏的使用周期在 6 个月左右。因此开启之后 6 个月就不应再使用。但你也可以用这个时候的睫毛膏（特别是棕色的）作为你的眉毛染色和定型品，会打造出意外的效果。

绽放魅力的唇妆技巧

高圆圆（摄影：韦来）

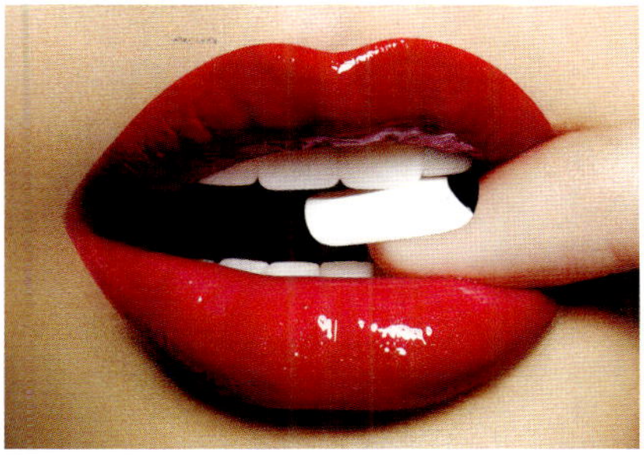

有唇纹或者干裂的唇部是无法制造出美丽而诱惑的唇妆的，因此保持唇部的滋润，给双唇以特别的呵护，是每个人都要重视的日常细节。当唇部出现问题时，你可以参考以下这些护理的 tips：

怎样清洁唇部?

唇部的肌肤是比较敏感的，所以在选择卸妆液时，尽量选择性质温和的。用充分沾湿卸唇液的清洁棉轻轻按压在双唇上 5 秒钟，再将双唇分为 4 个区，从唇角往中间轻拭。

唇部翘皮了该怎么办?

如果你的双唇已经翘起皮，用热蒸汽先对着唇部蒸三分钟，再用热毛巾敷一分钟左右，可以有效去除皮屑。切忌用手剥去翘皮。

一个星期一次使用去死皮唇部专用产品，清凉的薄荷配方能在让双唇平滑滋润的同时，还具有修护和镇定的作用。

怎么减少唇部皱纹?

用大拇指和食指捏住上唇，食指不动，大拇指轻轻揉按；再用食指和拇指捏住下唇，大拇指不动，轻动食指按摩下唇。然后，再以上述方法反方向有节奏地按摩上下唇，反复数次，可以减少嘴唇横向皱纹。

如果嘴角有了纵向的皱纹，那么用两手中指从嘴唇中心部位向两侧嘴角揉磨，会使肌肤有被拉长的感觉。先上唇，后下唇，可反复几次。

怎么深度滋润唇部?

在睡前沐浴后，唇部的血液循环较好，所以此时抹唇膏效果最好。

唇膜会给予双唇更为体贴的呵护。可以购买唇贴膜，或者使用简易的自制唇膜：将蜂蜜或橄榄油轻薄地涂在嘴唇上保留 20 分钟，即可为唇部提供深度滋润。

唇部防晒很重要!

嘴唇需要防晒，因为它不含任何黑色素。在出门抹口红前，先用含防晒功能的唇膏打底。

在日常 5 分钟的妆容过程里，唇部就是最快速的一步。通常情况下，不用唇线笔勾勒唇线，直接涂抹一层薄薄的浅粉或米色的润泽唇膏或唇彩，甚至可以把唇彩稍微画得溢出来一些，生动、粉嘟嘟的唇部妆容就一步完成了！

高圆圆（摄影：韦来）

你会洗头发吗？

做造型的时候，我真的非常害怕我的模特（不管她是不是明星）——没有洗头发就站到我面前。我的建议是，如果当天要做造型，请务必在早晨清洁头发。这是做任何造型的基础，也是尊重你的造型师的礼仪。同样洗发也是维护你日常形象的必要步骤。

你会洗头发吗？很多人会对这个问题嗤之以鼻。洗头发有什么特殊的呢？从出生到成年，每个人都洗过无数遍头发，没有人不会洗头发，但其实洗发并不如想象中那么简单。秀发的健康与否并不像肌肤那样表现明显，但一头干燥无生气或者脏乱的头发绝对会给你的形象大大减分。而造成这种后果的原因很可能就是洗发手段不正确。

什么是正确的洗发频率？

头发和皮肤一样，也需要天天清洗。由于人体的新陈代谢旺盛，产生很多的汗水和分泌物，头皮和头发的清洁就变得尤其重要。有人担心天天洗头会伤害头发，实际上天天洗头是一种健康的护发观念，只要选择优质的洗发水，不仅不会伤害头发，恰当的按摩和刺激还能够促进头皮的血液循环，使头发更强壮、不易断裂。

什么样的洗发产品适合你？

优秀的洗发产品中的化学成分酸碱度适中，能在头皮上形成保护膜，其作用比自己分泌的皮脂还要好。选择洗发品时应注意，洗发品并不是泡沫越多，头发就会洗得越干净。其实泡沫太多只是说明香波中帮助发泡的物质较多，不能作为清洁力的证明，过多的泡沫只会使头发干涩。

你应该根据个人的实际发质情况选择洗发

张梓琳（摄影：陈漫）

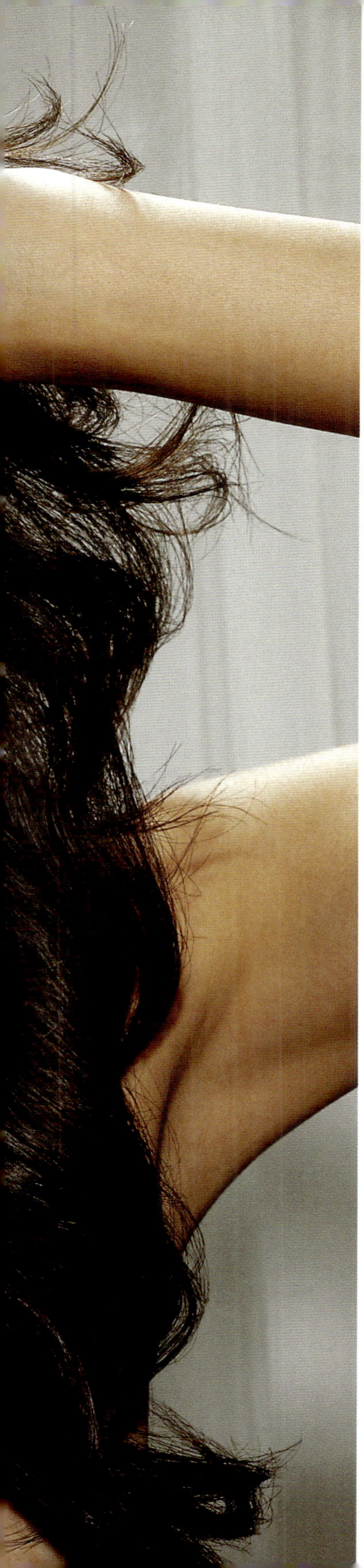

水。若你想有一头亮泽的头发，用蕴含顺滑性复合维生素的洗发产品，对头发具有很强的保湿和补充水分的作用；若你不想你的头发过于服帖、缺乏生气，用丰盈性复合维生素系列，能加强秀发的内在强韧度，令其始终充满活力；若你的头发容易分叉、断裂，则需用加强型的修复产品，有效修复头发的干枯、受损部位，强健秀发，防止分叉。

认准一个品牌的洗发水就一直用下去？

我的建议是这样的：因为一般来说，头皮的性质是不会发生变化的。某一品牌的洗发水适合你，就可以坚持使用，但也可以根据各个季节的特点进行微调。春季油脂分泌较多，应该选用清爽的洗发水；夏季阳光曝晒，应该使用有修护功效的洗发水；秋冬干燥寒冷，应该选择有滋润作用的洗发水。

洗头发也有手法吗？

当然。正确的手法能让头发更加健康地生长。

洗发前，最好将头发轻轻梳到一边。直接往头上抹洗发水容易伤害头皮，因此用水冲湿头发后，先将洗发水倒在手上揉出泡沫，再搓在头发上。然后，用指腹轻轻按摩头皮，可以促进血液循环。不应使劲抓头发，因为一根头发虽能承受相当的重量，但是对于摩擦却一点儿“防御”能力也没有，洗发或冲洗时过分用力，都会导致角质剥落，从而产生受损发。最后一定要用水冲洗干净，绝对不能把洗发水残留在头发和头皮上。

令人烦恼的头皮屑该怎么处理?

头皮屑主要有两种形式。一种干性头皮屑是头皮表层脱落的角质细胞，比较容易发生在染发及烫发后。这种头皮屑跟一般细小的头皮屑不同，它是一大块一大块的。如果你有类似情况的话就要小心，或许你已经有了某些皮肤病了。

另一种是分泌过多的皮脂和污秽尘埃等混在一起，干了以后就成了油性头皮屑。它和“脱脂性皮肤炎”有密切关系，脂漏性皮肤病就喜欢在容易出油的部位作怪，像头皮、眉毛、鼻翼旁等区域。所以可以采用以下的方法来有效减轻头屑。

1）戒食过甜食品以及煎炸、油腻、辣、酒精及咖啡因等刺激性的食物。因为头发属碱性，甜品属酸性，会影响体内的酸碱平衡，加速头皮屑的产生。同时平时可适当服用B族维生素，也可多食含B族维生素丰富的食物。

2）用温水洗头。水过热会刺激头皮油脂分泌，令头油更多；水温过凉令毛孔收缩，头发内部的污垢不易清洗掉。

3）工作压力和生活压力导致精神处于紧张状态，情感困扰或用脑过度、睡眠不足，会使人身心处于压力之中，而压力长期不能有效释放也是头皮屑产生的重要原因。受体内荷尔蒙分泌变化的影响，青春期女性在经期前后等有可能受头皮屑的困扰。所以平时一定要注意保持心情愉快。

头皮养护也非常重要!

真正的头部问题例如油脂分泌过多、头屑过多、脱发的问题都来源于头部肌肤。想要有一头真正健康的亮泽秀发就要从养护头皮开始做起。头皮的养护并不复杂，我们的手指就是最好的头皮养护帮手。头皮上有很多神经末梢，有些距大脑很近，头皮上的信息很容易传入大脑。手指在头皮上按摩，能轻柔地刺激头皮上的神经末梢，通过神经反射，使大脑皮质的工作效率得到提高。

头皮与秀发的关系就像土壤与植被，植物的生长必须依赖土壤的支持与营养。头皮健康受损就如土壤变得贫瘠，秀发无法从头皮获得足够的营养与稳固的支撑。作为头皮头发护理领域的专家，海飞丝深入发掘亚洲女性头皮特性，融合前沿生命科学灵感推出了高端头皮 SPA 产品海飞丝丝源复活组合。海飞丝丝源复活组合的全新深度舒缓配方，蕴含丰富的矿物质，能够温和清洁头皮，去除有害微生物，从而修护头皮天然屏障结构，恢复头皮的健康状态。

海飞丝丝源复活头皮保湿头皮头发按摩膏作为明星产品，萃取海底热泉中的深海矿物。它的深度舒缓配方能够修护头皮天然屏障结构，恢复头皮的健康状态。按摩过程宛若头皮 SPA，可扩张皮肤内的毛细血管，促进皮肤微循环，从而加速头部整体皮肤的新陈代谢。

我推荐日本美容专家高桥美佳女士创作的一分钟头皮按摩操，非常简单，自己在家里也可以操作：

第一步：取约三枚硬币大小的头皮头发按摩膏，沿头皮线分数次均匀涂抹于头皮；

第二步：从两侧太阳穴开始，用大拇指顺着发际线向上按，给穴位以刺激；

第三步：从头顶开始，横向两侧按压；

第四步：从前额发际开始到后颈慢慢按压；

第五步：像要提起头皮一样，用指尖轻捏头部两侧，轻轻敲打按压。

番外、留住时光的肌肤护理秘技

高圆圆（摄影：冯海）

这里我们要讨论的基础肌肤护理问题包括：清洁、保湿、防晒。

看到毛孔细腻、质地天生柔滑的肌肤，彩妆师们一定会心情大好。同样，好的肌肤状态也让你早上的上妆时间更短，效率更高。基础肌肤护理其实真是一个很大的话题，完全可以用另外一本厚厚的书说很久；在这里，我想说几个最重要的护肤关键，希望大家在进行彩妆的同时，更要做好保养——因为彩妆只是很妙的伪装；而伪装之外真实的美丽，更值得用心呵护。

要美妆，更要清洁！

首先，尽管你只画了基础妆容，但一定要使用专业卸妆产品，帮助温和滋润去除皮肤表面的油脂、污垢。选择不含酒精、香料、色素等化学成分且性质温和的卸妆产品，乳状为佳，而且卸妆时间不宜过长。（很多女生都很关心眼部卸妆问题，我将在“进阶篇”中给大家介绍。）

随后用温水湿润脸部。有的人图省事，直接用冷水洗脸；有的人认为自己是油性皮肤，要用很热的水才能把脸上的油垢洗净。其实这些都是错误的观点，正确的方法是用温水。这样既能保证毛孔充分张开，又不会使皮肤的天然保湿油分过分丢失。

无论用什么样的洁面乳，量都不宜过多，面积有硬币大小即可。在向脸上涂抹之前，一定要先把洁面乳在手心充分打起泡沫。如果洁面乳不充分起沫，不但达不到清洁效果，还会残留在毛孔内引起青春痘。泡沫越多越好，还可以借助一些容易让洁面乳起沫的工具。

Pro-X 纯焕方程式柔珠焕活洁面乳

Pro-X 纯焕方程式柔珠焕活洁面乳，这款专为更新净化肌肤研发的产品，用后肌肤更显清新柔滑。专业科技，专注清洁，专家研发。其泡沫柔珠配方能深层温和洁净肌肤，有效去除角质，促进皮肤更新。丰富的泡沫能彻底清洁，温和无害，洁面后肤感舒适，刺激性低，其卸妆效果也很显著，能彻底清除彩妆的残留。

把泡沫涂在脸上以后要轻轻打圈按摩，不要太用力，以免产生皱纹。大概按摩 15 下左右，让泡沫遍及整个面部。

在清洗泡沫的时候，有人怕洗不干净，会用毛巾用力地擦洗，但是这样做对娇嫩的皮肤非常不好。应该用湿润的毛巾轻轻在脸上按，反复几次后就能清除掉洁面乳，又不伤害皮肤。最后照照镜子检查一下发际周围是否有残留的洁面乳。有些女生发际周围总是容易长痘痘，其实就是因为忽略了这一步。

如果你的时间足够，用双手捧起冷水撩洗面部 20 下左右，同时用蘸了凉水的毛巾轻敷脸部。这样做可以使毛孔收紧，同时促进面部血液循环。

如有些人脸颊两侧容易敏感而 T 区则容易出油沉淀暗黄角质，则可以在 T 区使用磨砂膏、去死皮膏或颗粒型洗面奶，但务必避开敏感双颊。

清洁时不可过度，一天最多洗两次脸。如果多洗脸造成皮脂层被破坏，减损天然保湿屏障的作用，让皮肤无力抵抗干燥环境，则会出现细纹和敏感问题。特别是干性肌肤在秋冬时，最好每天只用洁面乳洗一次脸。

人之推荐的活肤产品

以“不化妆也好用”的功效而获得绝佳口碑，SK-II 护肤洁面油，其油性配方和出色的乳化效果可以有效洗净顽强的化妆品残垢以及各种“看得见”的污垢；而配方中的辣木籽精华和苹果籽萃取物则可有效清除“看不见”的污垢。

护肤洁面油

Olay 水漾动力保湿洁面乳

Olay 水漾动力盈润保湿露

Olay 水漾动力深润保湿晶露

Olay 水漾动力弹嫩睡眠面膜

保湿！保湿！！保湿！！！

最漂亮的肌肤是角质细胞含水量充沛的肌肤。角质层中最重要的成分是水与油，其中，当水含量到达25%时，肌肤状态最良好，也最健康。一般来说，角质层的吸水能力很好，但保水能力就因人而异了。

Olay水漾动力盈润保湿露，针对中性至干性肌肤设计，滋养配方为肌肤提供重组营养成分，让肌肤更加水嫩有弹性。富含水润精华液并添加类温泉矿物成分，持续补充肌肤所需水分，澎澎肌肤整日水盈。尤其适合秋冬季使用。

在肌肤的表面，有一些宛如天然侦测器的微小感应成分，当肌肤因为各种原因变得干燥时，它们会有所感应而将讯息传达给表皮下层的细胞，这些细胞接收到讯息后，就会释放一种纤维状的蛋白素，天然保湿因子就会因此产生，是一种强而有效的保湿剂，可吸收超过本身重量400倍的水分，这种保湿机能就是保持肌肤水嫩的关键。这种重要的功能如果失调，肌肤就会变得干燥。

当肌肤出现紧绷、干燥、小细纹、脱皮、干痒，或者上妆时，若出现浮粉或脱皮等症状，都是肌肤缺水的象征。随着老化以及其他外在的因素，功能便会逐渐减退。肌肤缺水的问题远比老化、青春痘来得普遍，各式各样的肌肤性质都会出现缺水的现象。因此，保湿补水成为肌肤护理的重中之重。

Olay水漾动力深润保湿晶露，升级版“抓水蓝精灵”，犹如调水器般源源不断调动所喝水分为皮肤保湿，啫喱配方质地轻盈，一抹即刻提升肌肤含水量，迅速改善肌肤干燥，层层渗透，让肌肤沁凉水润，持续保湿锁水长达12小时，让肌肤尽享源源不断水漾动力。

高圆圆（摄影：冯海）

Q&A

经常被问到的问题：我是办公室女郎，我怎么做好办公室保湿工作？

人之答：上班族长时间待在冷气房内，干燥的空调环境容易让肌肤水分散失而感到紧绷。另外，电脑辐射和积尘对肌肤最直接的影响就是缺水、毛孔堵塞、出现斑点，继而出现皱纹。如果不采取任何措施，一年下来，你至少会比实际年龄看上去老了5岁。

Olay水漾动力密集水润面膜，织布面膜的SPA式呵护，密集补水，为肌肤注入大量滋润精华液，提供充足营养，让肌肤更水嫩有弹性。贴心眼帘设计，更呵护柔嫩眼周肌肤。犹如“水库”为夜间不能多喝水的肌肤提供密集修护，调动亿万水分子，即刻提高肌肤水含量更锁水长达12小时。

Olay水漾动力密集水润面膜

在用电脑的过程中，可以抽出一些时间，将平时用的具有保湿功效的精华液倒在纸面膜上，轻轻敷在脸上15分钟。再准备一管有滋润、保湿效果的眼霜，眼睛疲劳时加以按摩，也可以将泡过的茶包凉透后敷眼，以缓解眼部疲劳。不能频繁在脸上使用喷雾，好像很湿润，实际上它已经悄悄偷走你皮下的水了。用完电脑后应该立刻清洁皮肤，可以防止皮肤毛孔被堵。

Olay莹眸走珠精化笔，特有的流线型设计，更便于手握，笔头特有的三个合金珠头设计，能更好贴合眼周穴位，并做到360°旋转，受力均匀，对眼部周围进行点压按摩时，能帮助消除眼部浮肿及提拉眼周肌肤，令双眸更具神采！合金走珠还可以降低眼部肌肤表面温度，起到舒缓浮肿的作用。

Olay莹眸走珠精化笔

在办公桌前摆一杯水，能稍微调节附近环境的空气湿度。放一盆仙人掌能吸收电脑带来的辐射伤害。空调也可尽量调整在25℃～26℃左右。

人之推荐的保湿产品

SK-II 护肤精华露

SK-II 护肤精华露，含有高达 90% 以上的富含多种营养成分的 Pitera酵母精华，每天为肌肤提供充足营养并调理肌肤，深层保湿，平衡肌肤的 pH 值，塑造润泽光洁的肌肤本色。

Olay 水漾动力密集水润面膜

Olay 水漾动力密集水润面膜，织布面膜的 SPA 式呵护，密集补水，为肌肤注入大量滋润精华液，提供充足营养，让肌肤更加水嫩、有弹性。贴心眼帘设计，更呵护柔嫩眼周肌肤。犹如“水库”为夜间不能多喝水的肌肤提供密集修护，调动亿万水分子，即刻提高肌肤水含量，锁水长达 12 小时。

Olay 新生塑颜金纯活能水

平价彩妆品中的明星产品 Olay 新生塑颜金纯活能水，具有超强渗透力，滋养成分快速渗入肌底，可提升后续保养品功效，时刻让肌肤充满能量。配合大红瓶使用效果更佳。

各类肤质的保湿妙招

对于不同的肤质而言，保湿应有不同的侧重点。

干性肤质

整张脸都偏干燥的干性肤质，保湿需要使用质地较为浓厚的保湿乳或保湿乳霜，才能提供肌肤比较足够的油分及水分。

中性肤质

属中性或混合性肤质的人，常常会出现两颊或是局部干燥的问题，可以采用分区保养法，就是在较容易出油的 T 字部位，使用较为清爽的保湿产品；两颊与容易干燥、脱皮的地方，使用较为滋润的乳液、乳霜，让不同部位的肌肤获得适当的保养。

油性肤质

油性肌肤可使用质地清爽的精华液或凝胶，既能补充水分，又不至于造成肌肤的负担。

高圆圆（摄影：陈漫）

Q&A

经常被问到的问题：旅行中，怎么护理皮肤呢?

人之答：登机或上火车前，要将脸部彩妆都卸除干净。因为旅行中最重要的是让肌肤好好休息，上了层层粉底和彩妆，除了不能让肌肤自然呼吸，长时间处于封闭的环境内也会让肌肤因为干燥而脱妆。万不得已要化妆，化淡淡彩妆为宜。

长途旅行中，飞机、火车的封闭空间内，气压偏低，空气干燥，肌肤表面的水分极易流失，因此保湿是首要的护肤工作。放一瓶保湿霜在伸手可及的地方，不断给外露的皮肤补充养分。

我经常会用这样的手法：向脸部喷洒矿泉水，让细小的水珠在脸部停留片刻以滋润皮肤。随后用面巾纸吸干多余水分后，用含有保湿精华的化妆水轻轻擦拭全脸，确保每个角落的细胞都被润泽到。待一分钟稍事吸收与休息，将大量保湿霜在双手中对揉，大面积按压在脸颊、额头、下巴和鼻子周围，以敷面膜的分量，让保湿霜在脸上形成一个有厚度的膜，等待皮肤逐渐吸收。

飞行时间比较长的话，随身携带片装型的保湿面膜，在休息时间敷用;有细纹或者黑眼圈困扰的女性，还可以适时敷上眼膜。在给肌肤补充水分之后 20 分钟，如果皮肤表面再次出现干燥迹象，需要再少量补充一次保湿霜，让皮肤彻底喝饱后，用滋润日霜透气的油脂层锁住已经灌溉下去的水分，防止流失。

Olay 水漾动力弹嫩睡眠面膜，睡前加一步，肌肤水润度提升 4 倍，犹如“水库”为夜间不能喝水的肌肤提供整夜的密集修护，边睡边补水！蓝色透明啫喱质地，直接涂抹易吸收，渗透性极强，集中作用于护肤的黄金时间，调动亿万水分子，即刻提高肌肤水含量更锁水长达 12 小时。

Olay 水漾动力弹嫩睡眠面膜

Tips

紫外线无孔不入，除了晚上睡觉可免擦防晒品之外，其他如看演唱会、到 Pub 玩耍更应特别注意，因为卤素灯、荧光灯所含的紫外线很强，也很容易就会晒黑，防晒品必不可缺！

外露的手、手臂、脚、膝踝也应涂防晒品，这样既可以防晒又可以有效减少斑点，特别是防止中年以后过早生成“老年斑”。

游泳时涂抹防晒品的间隔更短，因为水分会使防晒霜更快脱落，一般一个小时就要擦一次。最好使用防水且防晒指数较高的防晒品。

随时随地都要防晒

紫外线是皮肤的第一杀手，任何肤质的皮肤都需要有适当的防晒措施。防晒保养品最重要的功能也就是所谓的防晒系数，系数高的防晒品在防晒功能上当然比一般系数要好得多，但通常质感油腻，涂抹在肌肤上容易造成阻塞毛孔、增加负担，并让人有不适感。以东方人的肤质来说，日常美白保养只要选用 SPF 值在 8~15 的防晒品即可；只有在进行户外活动或是盛夏时，才应该用 SPF 值在 15 以上的防晒品，如果指数太高反而容易使得皮肤压力过大而引起过敏现象。

防晒品的正确使用方法

日常工作时，早晨涂抹一次防晒霜（涂抹时在脸部突起的部位，如鼻子、颧骨部位，多涂一层）；中午再补擦一次即可满足日常需求。补涂前先用面巾纸吸掉油分和脏污，并施以薄薄一层乳液，然后再使用防晒产品。有些办公室女孩不喜爱防晒产品的油腻感，可以用有相应防晒指数的隔离霜替代，同样也能满足日常工作需要。

人之推荐的日用防晒产品

Olay 轻透倍护隔离防晒液除了有效抵抗阳光中的 UVB、UVA 与 UVA+ 对肌肤带来的日晒侵害，更将防护范围升级至阳光、太阳灯、白炽灯、激光等 12 种有害光源，长时间防水耐汗，可以说是一款全面防护的产品。

Olay 轻透倍护隔离防晒液

模特王诗晴（摄影：陈漫）

暴晒后的修复工程

暴晒后，如有条件可用毛巾包着冰块来冰镇发红的被灼伤皮肤以减缓局部燥热，并尽量少用手抓，再做个修复补水面膜，发红发热的皮肤会很快得到舒缓。选用无油型或低油型的，含有芦荟凝胶和海藻精华等的晒后修复霜，可最大限度地安抚和修复晒后肌肤。薄薄地涂上一层，保证夜间皮肤呼吸，降低晒后皮肤负担。

晒后还可取用家中鲜芦荟，刮出中间的芦荟物质敷在肌肤上，有镇定和美白的作用。

多吃黄瓜、草莓、西红柿、橘子等，因为其含有大量VC，能有效帮助黑色素还原，协助美白，增进免疫力。

唐艺昕（摄影：贾川）

Q&A

经常被问到的问题：长期暴晒在阳光下，该如何防晒？

人之答：当你要长期曝晒在阳光下的时候，高系数的防晒品才能达到完全防晒的效果。如果是去海边这样的度假地，最好准备一瓶以上的不同系数的防晒品搭配使用，让防晒更有保障。

高圆圆（摄影：陈漫）

Part 2

百变眼眸是美美的秘密

对于大部分女生来说，总是希望通过化妆来改善自己，甚至完美自己。掌握的化妆技巧越多，意味着你也向完美更靠近了一步。在进阶篇里，我们要讨论的技巧包括：

1. 眉型影响气质
2. 制造眼影的丰富变化
3. 眼线的描绘
4. 根据眼型创造眼妆的方法
5. 眼妆工具的秘密
6. 持妆技巧
7. 题外话：眼部卸妆及提前抗老

颜值加分剂！画眉技巧，一个就够

Angelababy（摄影：时绍景）

两道浓淡有致的眉毛，可调整整个面部的感觉，使人显得简约或者奔放；同时，调整眉毛的形状也是修饰脸型最快捷的方式。那么什么样的眉型适合什么样的脸？这里有个速配方法：

偏长脸型——比一字平拉略带弧度的自然眉
圆形脸型——眉峰较偏后的拱眉
正三角脸型——纤细的眉峰突起的拱眉
倒三角脸型——眉峰偏前，加长眉尾的拱眉
国字脸型（或方形脸）——圆弧的拱眉

我不建议女生把自己的眉毛修得太细，那样会显得很不自然并且俗套。近年来流行的粗眉和自然眉的趋势也印证了这一点。如果你觉得自己的眉毛太重，可以尝试把眉毛修细一些后，剪短眉毛的长度，或者调整眉毛的颜色，减低眉毛在脸部的视觉冲击感。

很少有人生来就是完美眉型，但对自己的眉型进行调整，其实是一件并不难做的事情。那么，调整眉型从哪里开始呢？

修眉的基本手法

首先，从最基本的修除杂毛开始。在眉毛的上下四周，都会有很明显的杂毛存在。首先把眉头和上眼皮的杂毛拔除。

随后，用眉梳把眉毛往同一个方向梳理，再继续拔除杂毛。如果发现有的眉毛太长，可以用眉剪稍作修剪。

接着，要调整你的眉型。第一次做眉型调整可能会有些胆怯，但不要害怕，因为眉毛是会自然生长出来的。调整眉型前，确定自己的眉头、眉峰以及眉尾的位置，用浅色的眉笔画出理想眉型，一边画一边检查两遍眉型是否对称。随后把眉型外的杂毛修剪掉。要注意一点一点地修剪。如果你的眉毛本身就比较浓厚，需要让眉色显得稍微淡一些，那么可以用眉梳挑起眉毛，把眉剪压在梳子上方一点一点剪短一些浓重的眉毛。

最后，用安全的修眉刀把眉毛与发际、两眉间、眼尾部位的杂毛修理干净。

Tips

修眉最好选择睡觉前。因为修眉往往使眼部皮肤泛红，可用镇定的爽肤水收敛毛孔，镇定肌肤。睡醒后，红肿自然消退。

修眉前，用温水浸泡的毛巾舒张毛孔，随后顺着眉毛生长的方向拔眉。注意不要把眉毛修得太短，可以用一支铅笔来进行测试：铅笔沿鼻子一侧垂直摆放，铅笔上端是眉毛起始处，然后以鼻孔外侧为轴摆动铅笔至外眼角处所指末端就是眉毛末端。

拔眉过于频繁会造成眉毛永久性缺失，因此要注意自己修眉的频率。

如果不确定自己应该如何调整眉型，可以去专业的美容院请美容师为你建议或进行修正，日后按照其建议维持眉型即可。

画眉的工具及手法

修整好的眉毛是一个非常好的基础。为了让眉型更圆润立体，我们需要进一步画眉。画眉的工具有：眉笔、眉粉以及染眉膏。

眉笔是最常用的画眉工具，同时也非常便捷易于携带。

眉粉，其优点是能做出自然的眉型，但比较适合眉型天生较好的人。

如果眉型需要花大力气来修正，眉笔和眉粉需要综合使用。

染眉膏是我很推荐的一款彩妆品，它能瞬间改变眉毛的颜色，让人的气质变得自然而柔和。通过对眉色的改变以及对肤色的调整来达到全脸妆容与发色的协调统一。

（摄影：陈漫）

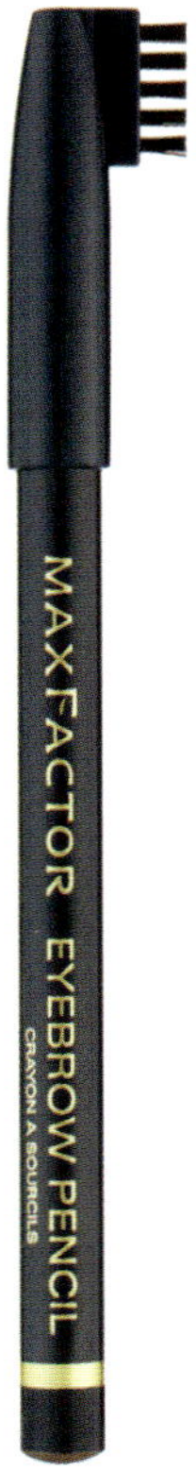

画眉前，需要选择与发色相近或稍浅颜色的眉笔/粉，不然就会显得眉毛非常突兀。

1）先用螺旋形的小眉刷由眉头到眉梢，由下往上对眉毛进行梳理。

2）如果不熟悉眉形，可以用浅色眉笔先框出眉形。用眉笔的笔尖或者眉刷，顺着眉毛生长的方向逐笔描画，画眉时动作要轻，力度要一致，通过笔画的疏密来控制眉色的深浅。

3）先从眉峰到眉尾轻柔点画出眉形，再从黑眼珠内侧位置画到眉峰。用眉刷轻刷一次眉毛。

4）再用眉刷蘸取眉粉刷过眉峰到眉尾，最后利用余粉从眉头刷向眉峰。

5）蘸取浅色眉粉晕染眉头，用余粉轻刷一次全眉，眉毛和描画的颜色充分融合在一起。

6）如果眉色不小心画得过深，可以用粉扑轻轻扑些在眉上加以调整。

7）最后使用染眉膏。使用前将染眉膏在纸巾上轻轻旋转（擦掉多余不均的染眉膏），随后把染眉刷靠近眉毛的根部，先逆着眉毛的生长方向刷，接着再顺着毛流刷。用眉刷整理眉形即可。

好感倍增器！完美眼妆，也有捷径

高圆圆（摄影：冯海）

在完成一个完美生动的眼妆时，大多数女性感到最困难的部分，通常是眼影和眼线。那么多眼影的颜色，我怎么选择？几个眼影的颜色我怎么组合在一起呢？眼影和眼线怎么配合？眼线怎么才能画得无懈可击？接下来我们就会来一一解答这些问题。

不同眼影的不同妆效

眼影基本上可以分为粉质、液体和膏状三种。不同质地的眼影有不同的特色：

粉质：最容易使用，对于新手而言是最佳选择。虽然持久性不是很强，但色彩塑造性很强。可以在做好眼妆后，用蜜粉做定妆以增加持久力。

膏状：非常透明轻薄，带有强烈的立体感，在阳光下散射出多样的光泽感。但同样由于质地轻薄，需要多涂几次，或者配合粉质眼影，令色彩更加饱和丰满。

液体：比较难以控制用量，因此在使用时可以先以少量涂在手背上，以指腹蘸取使用。液体眼影的透明度与光泽感比粉状眼影杰出许多，但显色效果比较差，可以多涂抹几次。

眼影色彩的选择

眼影可分为影色、亮色、强调色三种：

影色是收敛色，涂在希望凹的地方或者显得狭窄的应该有阴影的部位，这种颜色一般包括暗灰色、暗褐色。

亮色，也是突出色，涂在希望显得高、显得宽阔的地方，亮色一般是发白的，包括米色、灰白色、白色和带珠光的淡粉色。

强调色可以是任何颜色。选择强调色时，要考虑自己的服饰和唇色与之相协调。比如，蓝色、褐色和灰色，往往给人以漂亮和时髦的感觉；紫色显得温和、幽雅；桃红色能增添妩媚动人的风姿；紫罗兰色给人以成熟的魅力；绿色使人有爽快的感觉；金属色彩一般是在舞台上使用的。

很多女生在选择眼影颜色的时候，非常谨慎。因为错误的颜色会让眼睛显得很脏，甚至让眼睛变得肿肿的。但是这并不意味着你要束手束脚，比如说，很多东方女性不敢尝试的浅绿色和紫色，其实是比较适合皮肤底色偏黄的人的颜色；虽然暖色一般不适合眼睛浮肿的人，但有的时候暖橘色其实可以消除浮肿……

同色系眼影使用方法

单色眼影 Key word: 清淡为主

单色眼影宜选择清淡的颜色，比较适合日常 / 工作环境使用。在选色时，注意浮肿的眼睛不应使用暖色系，一般带细微闪片的眼影能够提亮眼睛，粉、棕色系为比较实用的颜色。涂抹也非常简单，只需在上眼线至眼睑 1/2 处涂上眼影即可。

双色眼影 Key word：深浅对比

一定要选择同色系深浅眼影。运用深浅对比的搭配色系，可增添眼部的三维效果。将浅色眼影晕染上眼睑，用深色眼影在双眼皮褶皱处加强，并在上眼皮中间处向外眼角涂抹，两种颜色形成自然过渡。

三色眼影 Key word: 轮廓与高光

三色眼影盘是普遍最受欢迎的彩妆产品，因为其可以形成非常自然而有效果的眼妆，使用也很简单：

1）首先，将三色眼影中最深的颜色沿着睫毛线涂抹，并稍稍向外晕开。

2）其次，用次深的颜色沿着最深色的外沿涂抹，直至眼睑的褶皱处（即双眼皮的区域）。

3）最后，在次深色的外沿至接近眉骨的部位，再刷上最浅色。这样上眼睑将变得更为立体，看上去眼睛更深邃明亮。注意涂抹的方向应为向外和向上，这样在不同颜色之间就不会有明显的交界。

这样，深色自然勾勒出眼部轮廓，浅色形成高光效果，三种颜色的组合营造出更大、更深邃、更立体生动的双眼。

四色眼影 Key word: 先定三色

四色眼影盘经常会让人迷惑，似乎颜色太多了！到底什么颜色用在什么地方？我的建议是，选择四色眼影盘中最主要的三个颜色，按照三色眼影的上色方法使用。一般剩下的是亮色，作为高光色：

1）先以浅色系打底，选定可以与肤色融合的浅色系眼影，在眼褶皱处上色，并由眼皮的中间向眼尾、再由眼窝的方向刷向眼尾，来回刷匀，若涂抹太厚重，可用手指轻轻推散，这样会比较自然。

2）颜色比较深的眼影是整个眼妆的重点部分，将可以与浅色系做搭配的深色眼影先于手背上稍微擦过，让上妆更加均匀，然后将其涂抹于眼尾处，并由外眼角向眼窝呈放射状均匀晕染，切勿显露出深浅两色的明显界线，就可让眼睛呈现深邃感。

3）最深色的眼影贴近睫毛根部描画一层，增加眼线效果。

待整体眼妆完妆后，再使用含有珠光或亮光感的浅色眼影，在眉骨突出的地方轻轻点抹，以增添整体眼部的轮廓。

撞色系眼影使用方法

撞色在日常眼妆应用中比较少见。因为如果使用不当，不但妆效夸张，也容易让人显得土气。在这里我推荐几种撞色眼影的搭配方法：

如同花蕊般鲜嫩的搭配：亚光嫩黄色（底色）+ 柠檬黄（高光色）+ 粉红色（眼角和眼尾的阴影色）

优雅又不落俗套的搭配：淡金色（底色）+ 紫色（眼角和眼尾的阴影色）+ 珍珠白色（下眼睑）

蓝天白云般清新的搭配：珠光湖蓝色（底色）+ 珍珠白色（高光色）+ 草绿色（下眼睑）

另外，浅绿 + 鹅黄，藕荷 + 粉紫，银灰 + 宝石蓝，这些款都符合相同色系深浅搭配的原则，轻松上手不出错。眼影晕染时要特别注意衔接过渡，将界限模糊掉，并保持两边的效果一致。

基本上如果要使用撞色搭配，一定要使用一种具有珠光效果的眼影，并且尽量选择鲜亮的色彩，注意过渡，这样就能避免因为颜色混杂而造成脏脏的感觉。

眼线，让你的眼睛迅速增大

高圆圆（摄影：冯海）

我有一个朋友，常常觉得自己早晨起床后，眼睛好像睡不醒般睁不开。但有一天，她突然对我说，她终于找到了让眼睛第一时间睁大的方法——那就是眼线！非常奇怪的是，一画眼线，不但眼睛睁大了，自己整个人都精神了。从此眼线笔就成了她化妆包里必不可少的最重要的化妆品。

我在给明星化妆的时候，除了底妆，眼线就是最需要细心描绘的部分。漂亮的眼线，可以提升眼睛的神采，在无形中改变气质，或者增大眼睛，改善眼型。初学者在学习如何使用眼线笔前，需要先了解画眼线的彩妆品、工具。

眼线彩妆品以及工具

初学者，最好用眼线笔画眼线，因为眼线笔比较好控制力度。但要格外小心地画，必须慢慢沿着睫毛根侧描绘。

眼线液不适合初学者，使用技巧难以掌握。但对于技术熟练的人，可以达到更鲜明、持久且妖娆的效果。

另外，眼线膏也是目前越来越多被使用的产品。但使用眼线膏，需要用较好的眼线刷来配合。对于初学者和进阶者，都是不错的选择。

人之推荐的眼线产品

Max Factor 水漾柔滑眼线笔，双头设计，一边是笔头，另一边则为橡胶扫头，让你可以晕开眼线为眼影，或修改眼线的细小位置，轻松打造精致或夸张的眼妆。乳质的眼线能画出液体眼线效果，适合用于画内外眼线，勾勒眼部轮廓。笔芯质地柔软滑顺，容易上色，可轻松画出细致均匀的眼线。而且易于晕染，用另一边的橡胶扫头，则可做出渐层的眼影效果。含持久配方，不易褪色及结块。用刷子扫开后可以看出有明显的金属珠光质感，轻松打造酷炫吸睛眼妆。

Max Factor 彩色眼线笔，该款眼线笔采用便捷的铅笔设计，搭配质地细腻柔滑的可塑笔芯，贴合肌肤，可轻松描绘上色，是敏感肌肤同时适用的超自然眼线笔。

水漾柔滑眼线笔

彩色眼线笔

一些基本的手法

眼线似乎是一个很高端的化妆技巧，很多人不太懂怎么用，往往一画眼线就容易晕染开，连画好的眼影都破坏了。所以应该常常练习，才能学会熟练描绘眼线的方法。

眼线的顺序，一般是在眼影完成后，使用睫毛膏之前较好。

画眼线时，应让眼睛以半睁开状态是最容易描绘的，千万不要闭着眼睛来画，可以用另一个指腹将眼窝稍稍提拉起，撑开眼皮让线段画得更顺利。

1) 从中央1/3处开始画出线段，由眼睛的外侧开始，由外向内细细地画上黑色眼线。如果是用眼线笔，注意笔头不要磨得太尖才不会刺激眼皮，尽量慢慢地移动，让线条的宽度一致，轻轻地以同方向重复描绘。

2) 从眼尾开始的1/3处，从实际的眼尾位置开始向中央描绘，尽量沿着睫毛根部朝眼头画去，不需要刻意超出眼尾，和中央的眼线顺利地连接起来。

3) 剩余的眼头1/3线段，也同样往中央的方向画去，和中央眼线连接。

4) 随后可在棉棒上蘸眼线笔粉，提拉眼窝时，将棉棒置于睫毛内侧的根部，从眼尾往眼头一小段一小段涂抹，让刚刚没有描绘到的眼线部分都补上眼线色，完整弥补眼线间隙。

5) 将棉棒另一端，从眼尾开始朝眼头方向，一点一点在画眼线笔的位置重复涂擦，目的是要让眼线色变得柔和均匀，同时也要顺便修整线条粗细，让眼线更加服帖有型。

6) 最后剩下眼尾位置的眼线，取用干净未使用的棉棒，在眼尾末端朝外侧轻轻拉提延伸出去，让眼尾的眼线非常自然地消失在肌肤颜色之中。

7) 上眼睑画的眼线不要过于纤细，否则会使眼睛显得更小。

8) 下眼线也要画上。日常妆容的话，注意不要画满整个下眼睑，只需要从后部1/3处到眼尾，随后与上眼线自然衔接。

Tips

尽量不要将眼线画在睫毛线以内靠近眼球表面的部位，因为当画眼的用品不小心接触到眼球表面会伤害眼睛，造成感染。

画眼线的笔、液等工具应保持卫生，尽量不与他人混用。

要准备好棉花棒随时将溢出眼角的残余污迹擦拭干净。如果眼线画坏了，需要修正，可以挤一点儿卸妆用的乳液用棉花棒蘸上后，仔细地把画坏的眼线修饰好。切忌以手指碰触画好的眼线。

如果想要更自然的眼线效果，可以用眼线刷蘸点儿水与眼影粉调和在一起画出眼线。

Q&A

经常被问到的问题：现在杂志上特别流行的大大的下垂的眼睛怎么画？

人之答：以往眼妆总是强调在上眼皮，尤其是要让眼睛变大时，都会一直往上加重，结果妆感就变得很浓，现在这种微粗垂眼，从往上放大改到往下延伸，眼睛一样变大但却是走温柔路线，效果更自然。注意不要用凶狠的黑色眼线，棕色强调下眼尾才能锐利得自然。眼妆重点在下眼尾，上眼皮尽量干净，只要用光泽带出立体度，让放大效果从下往外延伸。下眼尾画法上有个关键，眼尾的宽度要最宽、颜色也要最深，其余的就往眼头方向渐渐变细或淡掉，让下眼影呈现一个三角形。

Q&A

经常被问到的问题： *如何画出生活化的朋克妆容？*

人之答： *小朋克不单是粗眼线的主场，更不一定要把下眼线画得有多张扬、有多高调。只要一根低风险的纤细眼线，将魅眼小范围包裹住，然后用小棉棒代替眼线刷，擦掉眼线边缘的小痕迹，细致入微地调整眼线宽度，就会营造出朋克妆容的感觉。*

经常被问到的问题： *下眼线晕妆怎么办？*

人之答： *画之前用蜜粉打底，画好眼线之后再用蜜粉轻扫一层，最后用眼线笔稍作补色，想晕妆真不那么容易了。*

Q&A

经常被问到的问题： *我好喜欢范冰冰的复古眼线，怎么画呢？*

人之答： *这种复古眼线的重点是，眼线要画得很丰厚。首先，用填满睫毛空隙的方法描绘内眼线，在眼尾 1/3 处向后延伸加宽，在后眼角处往上拉出上扬眼线。中间窄前后宽的眼线线条达到拉长及放大眼形的效果。下眼线也要画上，不用很粗，在眼后部 1/3 的地方，与上眼线自然衔接。眼线描绘完成后，将黑色眼影叠压于线条上，不仅帮助眼线不脱妆，也可让线条更自然，接着，再涂上浓密型睫毛膏，再粘贴第一层假睫毛，让眼妆更立体。*

不同的眼型决定了不同的画法

杨子姗（摄影：时绍原）

每个人眼睛的形状都不一样，眼妆画法不适合自己，效果很可能事倍功半。因此，根据自己的眼睛形状掌握一些基本技巧很有必要。

双眼皮的基础画法

特点：眼睛形状比较标准，易于塑造各种类型的美丽眼睛。最基础的画法如下：

底妆：使用带珠光的粉底打亮眼窝，便于上眼影色并使色彩更鲜明。

基础眼影：在上眼睑涂刷浅色眼影，可以画满整个眼眶。

第二层眼影：贴着睫毛根部用深色的眼影往上画满 1/2 的眼睑，将两层眼影自然融合。

高光眼影：在眼部突起的地方将高光色眼影涂上；同时可在眉骨突出的地方轻轻点抹。

上眼线：贴合着睫毛根部描画上眼线，在眼尾处画出眼线上扬的效果。

上睫毛：夹完睫毛后，先轻轻刷睫毛梢的颜色，然后再从睫毛根部开始涂刷。

下眼线：紧贴着下睫毛根部描画下眼线（深色眼线通常只需从外眼角往内画 1/3 眼睛的长度），并在眼角处提亮。

下睫毛：用睫毛膏头垂直眼睛，轻轻刷上。

单眼皮的基础画法

特点：单眼皮容易给人肿胀的感觉，因此单眼皮一般最好使用冷色调的颜色使整个眼部显得清爽。同时也要注意用一些方法扩张眼廓。

底妆：用浅色粉底打亮眼窝。

打亮眉骨：利用浅色打亮眼窝与眉骨，薄薄推匀明亮的颜色，可以消除眼睛的暗沉，但不要使用珠光感太重的眼影色。

第一层眼影：使用色调较为鲜明的眼影色，会让双眼看起来比较明亮。

第二层眼影：使用深色的眼影色擦在眼褶的地方，用手指轻轻晕染开来使眼神瞬间变得深邃。

内眼线：轻轻一拉眼角，小刻度小刻度地描绘内眼线，在眼皮内侧画上一条细细的内眼线。

睫毛底膏：睫毛比较短的人建议在上睫毛膏之前先涂擦上一层睫毛底膏。

浓密型睫毛膏：以Z字型的方式从根部慢慢地来提拉涂刷上一层浓密型的睫毛膏。

纤长型睫毛膏：选择在黑眼珠的中间位置以纤长型的睫毛膏来提拉睫毛，不要用Z字型的刷法而是从睫毛尾端慢慢地往上提拉涂刷就好。

下睫毛：直立睫毛膏头来回涂刷。

内双眼皮的基础画法

特点：内双眼皮属于耐看类型，想将内双眼描画得美丽并不容易。需要将眼睛描画出韵味，可以尝试将眼睛刻意画大，塑造成熟而有风味的大眼效果。

底妆：以亚光效果粉底打底。

眼影：选用棕色系的眼影，眼睑处深，眼窝处浅些；在下眼睑处涂抹相同的眼影色，适当调整眼影色的深浅。

上眼线：紧贴着睫毛根部，用眼线笔填涂上眼睑的睫毛空隙；使用眼线液叠画一层在眼线上，使双眼更加扩张。

上睫毛：先刷睫毛梢，再从睫毛根向上刷。睫毛根处浓，睫毛梢一笔带过。

下眼线：只画眼尾和眼角的部分，中间的地方要保留，同时检查眼线，用眼线笔补画欠缺的地方，使眼线描画得更加圆润。

下睫毛：在下睫毛中间部分涂刷睫毛膏，在眼尾处涂抹略比眼影色深的颜色。

特殊眼型的画法

小眼睛——要在整个眼皮部位画亮色的眼影，可以使整个眼睛看起来清爽，从眼线的1/2处往后都涂上深色的眼影，可以使眼角更显得修长。出于同样的目的，下眼皮距眼角1/3处到眼头这个部位也可以涂上深色眼影。

圆眼睛——在眼角的上部涂上深色眼影，可以使眼睛看起来很修长，如果在眼睛的中央涂上深色的眼影，会使眼睛显得更圆。

金鱼眼——不能选用粉质眼影，否则适得其反，应该选用油质的，褐色或灰色眼影。注意不要涂得太厚重，用粉质眼影在眉毛下面加点儿亮色，还可以根据眼睛的形态通过线条添加一些着重色彩。

两眼之间距离偏大——为了使眼睛的距离看起来小一些，可以在眼角和鼻子的中间部位涂一些淡淡的眼影，从视觉上拉近两眼之间的距离。

两眼之间距离偏小——可以在眼角到眼睛的中间部位涂上一些明亮的颜色，使

眼睛的距离看起来大一些，还可以在眼角略微加深一下眼影的颜色。

眼角上扬——眼角上扬的人一般选用比较温和颜色的眼影，眼角处要用深色，从中间部位到眼角则要用浅一点儿的颜色。底色部位应该水平来画。

左右眼睛不对称——左右眼睛大小模样不同，是因为一只眼是双眼皮而另一只眼是单眼皮，在这种情况下，考虑到单眼皮缺乏立体感，应该重点使之恢复在立体感上，这时，应该用较深色的眼影。在画眼影时，应该看睁开眼睛的双眼大小和模样是否一致。必要时候应该用双眼皮胶来调整眼型。

眼角下垂——与其采用明亮和柔和的颜色，不如采用青色或者绿色这样冷色系的颜色。从眼头部位开始，一开始要画得很细，以后随着接近眼角部位，眼影也要逐步地上扬。

细长的单眼皮——在眼眉下方添加一些亮色，然后从眼头到中间部位涂上明色眼影，从中间到眼尾涂上深色眼影。

凹陷的眼睛——在凹陷的眼皮部位涂以亮色眼影或者粉质眼影，在增加了一些亮色后，用红色系的中间色系眼影在双眼皮部位画上眼影，最后选择没有光泽的油质眼影。

李小冉（摄影：陈漫）

眉刷

同样是小而坚实的刷子，像一个小型的梳子。眉刷的刷毛结实，可以梳理短小的眉毛，刷掉多余的化妆粉。还可以用于调和深浅色的眉粉和眼影粉。用眉刷将眉毛向上梳理可以让眼部更加明亮。

眉钳

头部最好呈斜面，必须密合良好，便于修眉时一次拔掉一根眉毛。

眉剪

一般是 9 厘米的小剪刀修剪长度最佳，和修眉齿梳配合使用修正过长的眉毛。

眼线刷

眼线刷是刷头较小，刷毛坚实的平头刷或斜头刷，适用于干、湿两种眼线粉，可以涂抹眼睫毛根部，还可以用于画眼线。眼线刷的刷毛必须密实坚固。

睫毛夹

挑选圆头并加有橡胶垫的睫毛夹，可以防止睫毛断裂。同时市场上还有电动睫毛夹可以选择，加热后使用睫毛自然弯曲，快捷方便没有疼痛感。如果有些细小的局部不容易夹到，也可以配合使用局部睫毛夹，通常欧美品牌睫毛夹弯度较圆，适合欧美人深陷的眼睛；而日韩品牌的弧度较平，很适合东方人的眼睛弧度。

眼影刷

眼影刷头小而圆，适用于眼睑部位。比较讲求眼部妆效的人应该准备大、中、小三个刷子，小号刷用于画眼线，中号刷用于涂抹颜色，大号刷用于定妆和调和眼影。一般消费者拥有一支中号刷即可满足基本需要。

眼部轮廓刷

刷头呈三角形，便于把眼影粉涂抹在眼部细小的轮廓里。

唐艺昕（摄影：贾川）

7天24小时持妆，其实只是夸张的说法。谁要是画出那样的妆走出门去，效果可是堪比京剧舞台上的角色。其实最好的持妆技巧，莫过于勤快地补妆。理想状态下，两个小时就需要补一次妆。平时，办公室女性则可以在中午进行补妆。

底妆补救

偏油肤质的MM经常会有脱妆、油光太重的现象，然后补妆就不断地将粉底补在脸上，可是这样的补妆方法会导致皮肤的皱纹变得十分明显，而且肤质会很干。整个底妆就毁掉了。

补妆方法

1) 用一块干净的海绵，顺着皮肤毛孔的方向，由上往下推匀。

2) 在吸油面纸里垫一个粉扑，然后轻压鼻翼、额头一些比较细部的地方。

3) 然后再用遮瑕膏把需要遮瑕的部位补一下，然后用粉饼轻压薄薄的一层。

4) 用刷子沾上亮粉在T字部位和黑眼圈处打亮。

眼影补救

眼妆是脸部最容易脱妆的地方。因为眼皮上的油脂会比较丰厚，容易出油，就会脱妆。像眼线、眼影就会跑到眼睛下方来了，有时候眼影色彩早上画好，到了中午就会不见了。

补妆方法

1) 当眼线卡在眼皮间时，首先要准备一支棉花棒。将干棉花棒用旋转的方式把眼皮上的油脂清除掉避免补眼影时就会变得不均匀。

2) 用棉花棒蘸取适量的眼霜。在眼妆脱了眼影和睫毛膏的部位轻滚，再薄薄地压一层粉。

3) 用指腹推匀旧眼妆，眼部较干的MM可以在指腹上蘸上眼霜。

4) 上眼影时，要用比较安全的叠压方式上妆。

睫毛补救

睫毛膏在擦了三四个小时后，也会出现脱妆现象，眼睛就会出现熊猫眼，上下晕黑。

补妆方法

1) 以蘸有乳液的棉棒把睫毛根部附近等细微之处都清理干净。因为眼部皮肤薄并且脆弱，所以尽量注意不要使劲来回揉蹭。

2) 用睫毛梳从根部起将粘黏在一起的睫毛梳理开，根根分明。

3) 补睫毛膏时，先在纸巾上揩拭几下，把多余的睫毛膏留在纸巾上。这样可以让眼妆自然，且不会使睫毛之间互相粘连。

4) 无须从睫毛根部起重新涂一遍，只需涂睫毛梢，让其微微上翘就够了。

唇妆补救

别以为唇妆的补妆直接擦上口红或者

唇蜜就可以了哦，这样的唇色会变得十分的不自然，而且还会造成唇部出现干裂、脱皮等现象。

补妆方法

1) 用纸巾蘸取乳液把残余的口红轻轻擦拭掉。

2) 补唇妆时要先为唇部打底，用粉扑蘸粉底或遮瑕膏薄薄地上一层即可。

3) 用唇线笔画出唇形，再擦上唇膏。轻轻抿掉唇膏后扑蜜粉，再上一次唇膏。

4) 最后上口红或者唇蜜。

维护妆容持久性的小妙招

要提前维护妆容的持久性，也有一些技巧。

油性肌肤在上妆前使用控油型护肤品；混合型肌肤在T字区局部使用控油型护肤品；干性肌肤最好先使用湿粉底，再上干粉定妆。Olay透白之水莹肌亮肤液含有维生素B3（烟酰胺）独特的控油机制：当油脂分泌旺盛时，可发挥控油效果；当油脂分泌较少时亦能将皮肤油脂分泌出来，达到平衡皮肤油脂分泌的控制系统，让肌肤永保清爽洁净。

夏天最好使用水溶性的润肤乳而不是油性润肤产品，因油脂的聚集，会加速妆容的脱落；防晒值达到SPF15的防水产品是夏日的最佳选择，通常高倍数的防晒产品也同样具有防水的功能。Olay防晒隔离修颜乳液（SPF30/PA++）含有山茶、芦荟和烟酰胺等，为肌肤提供持续一整天的防晒，阻止绝大多数有害的广谱紫外线照射；超强过滤防护膜能有效地隔离恶劣环境和彩妆的侵害，令肌肤更加清洁幼嫩并保持自然健康的色调。

希望胭脂透明持久，可以利用润湿的海绵蘸上乳状胭脂，涂于双颊，用手指向外抹匀。

纸巾能让防水口红的色彩更加持久。涂上唇膏后，用层薄纸巾盖在唇上，吸去浮色，扑散粉后，再涂一层唇膏。

画唇彩时，可以先用防水唇笔轻轻勾勒出外轮廓，再用唇刷涂上唇彩，因为精巧唇刷的小适宜涂抹唇彩，再用海绵吸去多余水分，会令唇彩更持久。

上完防水妆后，可喷上定妆水，这样会让你的妆容更为持久，也更不易脱妆。且大部分的定妆水兼有保湿效果，因此使用定妆水还可以增加肌肤水分，让肌肤看起来水嫩有弹性。

番外：需要谨小慎微的眼部卸妆

高圆圆（摄影：冯海）

在基础篇里，我们讨论了全脸卸妆的问题。但眼部卸妆，我会在进阶篇里重点提出。因为这个时候，你已经开始非常全面地甚至有创造性地学习眼妆技巧。那么每次漂亮妆容之后，就需要更加耐心和细心的眼部卸妆步骤。

首先，我们复习一遍全脸卸妆。由妆较浓的部分开始：按照眼影、眼线、睫毛膏、口红、腮红、粉底的顺序卸妆。以干净且干燥的手或是化妆棉，蘸取适量的卸妆产品，用画圈的方式轻轻按摩，待彩妆和卸妆产品融合后，再以面纸或化妆棉擦拭。如此重复数次，直到面纸或化妆棉上，再也看不到任何色彩为止。卸妆后洗脸，可洗去卸妆品的油分和其余残留在脸上的脏东西，才能算是完整地完成了清洁肌肤的动作，让肌肤真正处于洁净无负担的清爽状态。

而眼部的化妆愈多，采用特别配方的卸妆液便越重要。若你没有将眼部的化妆清洗干净，毛孔便会受到阻塞而导致粉刺的出现。一般来说，用液体状的眼部专用卸妆产品可以将浓厚的眼部妆容轻松卸干净。手法是这样的：

将化妆棉包裹在中指部位，将 1 元硬币大小的卸妆液倒在化妆棉上，不要倒得太多。足够一只眼睛大小用的分量就可以了。

将湿润的化妆棉按压在整个眼眶，保持 15~30 秒，让卸妆液缓慢融化彩妆；随后用化妆棉顺着肌肤的纹理来带走眼影。再换到卸妆棉干净的一面，使用同样的卸妆液，将睫毛朝上按压在化妆棉下等待 30 秒钟。手持卸妆棉，从上眼皮的睫毛根部向睫毛顶端从下至上移动。这样反复数次，睫毛膏和眼线就会被卸除下来了。不可用化妆棉在上下睫毛根部来回摩擦，这样很容易使睫毛从根部断掉！

眼部细小部位没有卸除干净的时候，可以把化妆棉干净的一面向外折成四折，再用手指捏住最外侧用适度的力量去卸。化妆棉的尖角或者棉棒可以用来卸除眼部细小部位及下眼皮的彩妆。按照从眼头到眼尾的方向是最合适的。

番外：提前抗衰老，冻龄有术

黄圣依（摄影：陈漫）

无论用什么高超的技术，彩妆都没有办法彻底掩盖岁月留下的痕迹。只有从根本上去维护肌龄，才能让彩妆发挥最大的魔力。而维持肌肤年轻的根本在于，提前抗衰老。

一定要明白一个道理：抗衰老绝对不等同于抗皱。25~29 岁是控制肌肤衰老的关键期，特别需要注意眼睛四周、下巴及嘴角周围，因为这些都是最容易出现细纹的部位，如果忽略了护理，细纹马上就会找上头来。25 岁以后要开始使用专用的护肤品以抵抗衰老现象。加强肌肤的滋润与防晒是每天的必修课，同时要使用专业抗衰老护肤产品。Olay 新生塑颜金纯弹力眼霜独特的双螺旋设计蕴含两大细胞级眼周抗老成分，从三大维度上全面重塑眼周立体轮廓，帮助深度滋润、抚平细纹、提拉紧致，令双眸看上去年轻有神采。持续使用两周后，有效减淡眼周细纹、皱纹，且肌肤紧致有弹性。

事实上，如果你的脸上没有皱纹（注意！皱纹有别于干燥的细纹），用了抗皱的产品无异于是皮肤的“慢性自杀”。抗皱产品是用来增加肌肤中的荷尔蒙，改善已经呈现明显皱纹的成熟肌肤；而预防衰老的护肤品则是主要用来预防，用于刚刚开始走下坡路但还未出现明显衰老痕迹的肌肤。我们将肌肤衰老分为三个阶段，每个阶段应该针对性有所不同。

如果你的年龄在 25 岁上下，那么可以选择一些初期抗衰老的产品，为你的肌肤提前做好抗老化的准备。每个人的肌肤就如同一个储存能量的罐子，当你的罐子能量不够时，肌肤状态就会下降，因此在日常保养中单纯依靠补水保湿是不够的，必须为皮肤增加适当的营养成分才可以达到事半功倍的效果。加入适合自己肤质的精华素类产品。开始使用晚霜产品，此时护肤重点为抵抗初期老化，延缓幼纹的形成。

中期抗衰老一般在 28 岁前后开始，坚持使用精华素，坚持日霜、晚霜分开使用，选择含有胶原蛋白及抗衰老成分的东西为主要使用产品，定期做密集保养及强化护理。此时护肤重点是淡化幼纹及细纹、紧致肌肤。我推荐的另外一款平价的抗衰老产品，是 Olay 新生塑颜金纯面霜。原理上，这款金纯面霜从细胞级的护理入手，让千万个表层肌肤细胞重新变得饱满、充盈。好像微雕一样，修正肌肤松弛和细纹，帮助重塑面部轮廓，呈现极致新生的肌肤状态。其主要的成分蕴含了最高浓度的 Olay 专有抗老化精华——五胜肽复合物，可激发细胞与胶原蛋白新生，可与光子嫩肤的美容效果媲美。

后期抗衰老不但需要成分更精纯的抗衰老的产品，而且需要能够补充荷尔蒙的高效产品，成熟女性针对肌肤所有层次完整作用，改善前更年期因荷尔蒙分泌减少所引起的各项老化问题。Pro-X Olay 抗皱舒纹霜，以基因科技为背影，精确甄选全新科技成分——Pal-KT，联合多种高度有效的成分独特组合，从根源处帮助重整肌肤基因层面信号紊乱状态，回复年轻时的良好状态，令肌肤从功能和外观都回复年轻，28 天显著改善深度皱纹等极端肌肤问题。

因此，25 岁就应开始使用醒肤（预防衰老）的产品，应以循序渐进为原则，可先将醒肤类日霜当晚霜用（但含防晒的日霜不宜当晚霜使用），适应后再换用修护力度更高的醒肤类晚霜。

同时，每天使用眼霜及乳霜时，搭配简单的按摩步骤，效果加倍。温和按摩促进新陈代谢，去除角质层，促进血液循环与淋巴排毒，令有效成分充分导入肌肤。用保养品只能做到“表面”肌肤的紧实，要做到由内到外的真正紧致，就要靠按摩。不但能活化细胞，而且能保持血液畅通，使代谢更顺畅。

人之推荐的明星抗衰老产品

SK-II 肌源修护精华霜，第五代大红瓶 SK-II 肌源修护精华霜采用创新科技——肌源再生复方激活干细胞，从而促进皮肤结构蛋白的生成，加速肌肤更新过程、改善肌肤结构从而使肌肤更加光滑并富有弹性，提升逆龄角度。使用一次可见毛孔即减少 46.7%，使用两周后肌肤逆龄角度可提升 15°，短短 14 天内逆转肌龄。

SK-II 精研修护抗皱精华乳，其含有的突破性抗皱多胜肽复方能够修复不同部位的肌肤，合成胶原蛋白及弹性蛋白，强化皮肤内部结构和弹性，使肌肤表面柔滑、内部紧致。

SK-II 肌源修护精华霜

SK-II 精研修护抗皱精华乳

Angelababy（摄影：时绍原）

Part 3

定格你的美美瞬间

成功的模仿，就是创造的一半。在进行自我发挥之前，仔细模仿一些非常实用的妆容——你可以通过模仿去鉴别这些妆容是否适合你，也可以在模仿的基础上进行自我改造。这里我要给大家演示的几类基础妆容包括：

1. 自然系妆容
2. 强调唇部的妆容
3. 强调眼部的妆容
4. 经典彩妆配色

春风沉醉

适合日常通勤的自然系妆容

范冰冰（摄影：陈漫）

这系列的妆容自然清新，虽经精心修饰，但并无刻意化妆的痕迹，因此人们赋予它另外的名称如透明妆或者裸妆。我曾经为 Olay 系列的代言女性做过此类的裸装，可以说，尽管她们的五官特点各不相同，但裸装的特点就在于掩盖了瑕疵，强调出肌肤质感，甚至把她们内在的气质都很好地衬托出来。

是的，优秀的裸装就是这样，能令肌肤呈现天然的无瑕美感，颠覆以往化妆给人的厚重感。清透自然的裸妆适合几乎大部分的人群和场合。那些皮肤质地好的女性很容易就画出这种妆容，但皮肤质地不好的女生，则需要多加练习遮瑕以及打底的技巧。

妆容重点

自然妆容的目的主要是让五官立体生动起来，将肌肤的瑕疵等尽可能遮盖。因此底妆一定要清透、自然，但遮瑕不能省略哦。

可以选择与皮肤颜色最接近的粉底。粉底的质地最好是比较轻薄的。

上粉底可以选择用手指，因为手跟脸的皮肤温度相近，使得粉底更容易服帖。要注意上粉底的动作是轻拍，而不是擦，要尽量让粉底服帖。

抹粉底的时候需要特别注意的细节地方是：眼角，唇角，发际线，鼻角这些地方，要耐心地将这些地方的粉底上好。在眼睛部位，尤其是下眼睑部位，粉底一定要打得很薄，否则容易产生笑纹。

步骤详解

底妆

1. 以遮瑕类产品，将脸部的小瑕疵与黑眼圈、暗沉巧妙地掩盖。

2. 再选择合适的粉底或粉底液轻薄上妆。在下巴点上适量的粉底，从下往上顺着汗毛的生长方向轻快地将粉底拍开，让粉底与皮肤贴合。

3. 用手将鼻梁的高光压出来。用手指在鼻梁两侧反复压几十遍，就能将鼻子的轮廓更加凸显。随后就是上定妆粉。

眼妆

4. 调整眉形和眉色。平日如果较注意自己眉毛的修饰和保养，只需要此时用接近发色的眉笔或眉粉调整眉形即可。如果眉色过重，需要用染眉膏减淡眉色。

5. 画裸妆的眼线的时候，我们应该注意所画眼线的范围，如果是双眼皮的话，眼线不要画在双眼皮的凹陷处。不要轻易使用眼线液，否则弄得不好反而有生硬感。用眼线笔将睫毛间的空隙处填满。后眼角处可适当向后延伸拉长，可以提亮眼神。如果觉得自己的睫毛很密，也可以省略这一步。

6. 夹睫毛。先在下睫毛涂上睫毛膏。夹上睫毛时，由睫毛根部开始渐渐向外移，反复几次把它夹卷，可形成自然弧线，然后取少量睫毛膏，轻刷上睫毛即可。保持自然和真实，不求乌黑浓密，根根分明才是要点。

7. 在眼影的部分，选择大地色系的尽量贴近皮肤色的眼影。化裸妆时，不宜选用夸张的颜色，淡咖啡色很适合亚洲人的皮肤，是最不易出错的颜色。上眼影的时候，眼影的覆盖范围不能太大，而且上一遍就够了，防止颜色过深。

修容

8. 要确定好上腮红的部位。我们可以用近健康肤色系的粉色或橙色的腮红来修饰脸色与脸形。用大号粉刷将胭脂打在两侧脸颊，刷子越大，刷出的颜色越自然。上腮红的地方是颧骨以及颧骨往后一点点的部位，这样画能给人有往外拉伸的感觉。脸部多余的腮红我们应将它顺着脸部从上往下拉，让脸部的颜色看起来更和谐。

9. 画上咖啡色的修容粉饼。修容粉饼选择用咖啡色系的，确定修容的地方我们可以一张一合自己的嘴巴，我们就可以触摸到耳朵和脸部之间的凹陷处，这就是我们要找的部位。应该注意自己的脸型是否适合修容，如果你的脸本来就很小的话就可以省略这一个步骤了。

唇部

10. 选择一些比较接近自己嘴唇实际颜色的色系的唇彩或唇蜜。在唇彩的运用上，其唇本身就丰满的人可以不需要用亮色的唇彩，只要达到晶莹通透就好了。

元气夏天
经典彩妆配色法

李小冉（摄影：陈漫）

清爽的粉色系妆容

眼部重点：在眼窝制造清爽的感觉，只需使用嫩粉色眼影在整个眼窝上打底，然后在靠近眉头处沿用亮黄色眼影再描绘一次，制造层次感，方法简单易学又有立体效果。在凸出的眉骨打上白色眼影，突出眉骨高度，相对眼窝看起来就深邃些，用深粉色眼影沿下睫毛根部抹过，呼应眼窝的色彩。下眼睑常出现黑眼圈的位置，用白色膏质眼影画出眼头和飘逸的下眼线。

脸部重点：用手掌以打圈的方式从脸颊的颧骨至太阳穴抹上淡淡的橙色腮红，竖走向的腮红强调脸部轮廓。

唇部重点：清新的妆容搭配清新的唇彩，不需要过于浓烈的色彩，只要淡淡涂上一层粉红色的唇膏就足够靓丽。

复古的紫色系妆容

眼部重点：以优雅的粉紫色来做逐层晕染，打造出深邃的烟熏眼妆。加粗的黑色眼线延伸到眼尾外部，并且以自然的笔触略微上扬收细。在下眼睑靠近内眼角处以银色亮粉作为提亮，不要忘记睫毛一定要多刷几遍制造浓密效果。

脸部重点：以具有存在感的粉色腮红大面积地涂抹在两颊，涂抹的位置可以从靠近鼻翼两侧一直延伸到耳际。因为和眼妆选用了同样的色系，所以并不会显得太夸张。

唇部重点：在唇部先涂抹一层玫粉色的唇膏，一定要使用唇刷勾勒出明显的唇部轮廓，唇角这样的细节一定不要忽略。然后再涂抹一层透明的唇蜜点亮双唇。

高贵的棕色系妆容

眼部重点：棕色系常给你成熟的感觉，但是如果恰当使用，也会让脸部呈现出清爽自然的健康美。大地色系或棕色系的眼妆可令你看起来优雅迷人，其重点就在于在下眼影加大棕色眼影的晕染范围，让你双眼更深邃。

脸部重点：脸部容易泛红的话，要注意脸部遮瑕，随后简单刷上光泽感或者亚光的橘色散粉。

唇部重点：裸唇是个简单又方便的流行元素，而且搭配棕色眼妆是最合适的选择。

月夜晚秋

挑战完美肤色的红唇妆

江一燕（摄影：韦来）

这是一款非常具有挑战性又非常诱惑的妆容。我常常听到周围的女生说喜欢此类的妆容，但又不敢轻易尝试。红唇妆如果描画不好或者不适合女生气质，会非常老土；但如果画得好加上人的气质也很适合，那是可以伴随一生的个人标志。

我印象最深的是给刘雯做的红唇妆，她的五官很西化，红唇妆却给她带来别样的中式感觉，柔和了脸部线条，得到出人意料的妆效。

妆容重点

完美红唇妆不可缺少正点的红色唇膏、唇彩。每个人的肤色不同，适合的红色也不同。如果皮肤偏黄偏暗，我不推荐大红色唇膏，而可以尝试偏橘色或粉色系列。皮肤白皙的女性，选择的范围要大很多。但对于大部分肤色偏黄的亚洲人来说，比起选择正红的口红，最好选择偏粉色系的口红更加合适。

要想把红唇妆画得好看，就要将面部其他部位的妆容减淡，这样可以很好地突出唇妆，增加女性的魅力。眼下的黑眼圈和嘴角的暗沉部位需要做好遮瑕工作，自然干净的底妆才是红唇妆的基础。

疏于保养的嘴唇不适合这种挑剔的妆容。它会让嘴唇干燥、脱皮等缺点原形毕露。唇部的保养和打底功夫绝对不可或缺，试试在睡前敷上厚厚的护唇膏滋润唇部，像是为唇部擦上乳霜一样，隔天就会有惊喜的发现。

步骤详解

唇部妆容

1. 首先我们要用湿的纸巾按摩唇部10秒钟，这样可以去除唇部的死皮，为红唇妆做准备。

2. 涂上一层无色润唇膏，静静地待上5分钟，为的是滋润唇部，然后吸除多余的油脂。

3. 挑选与自己唇色相近的唇线笔，用笔

心横向涂抹，握笔的时候尽量靠近笔尖，以便更好地控制方向。

4. 用食指的指尖把僵硬的唇线或者是唇线笔描绘得不自然的线条进行柔化。

5. 用食指蘸取色彩艳丽的红色唇膏，从中间开始上色，然后紧抿双唇，反复几次，使红唇妆的颜色更加均匀。

6. 如果红色唇膏容易掉色，可以用小号唇膏刷上色。

7. 吸掉红色唇妆中多余的油脂后，用棉签蘸取透明散粉，轻轻拍在双唇周围。

Tips

打造更生活化的透明红唇

如果只用唇彩来画红唇妆，颜色不够饱和；如果直接使用红色唇膏来打底，接着再涂唇彩，颜色会过于强烈。因此你可以试着使用红色唇线笔涂满整个唇部。接着用唇刷蘸取红色唇彩直接涂在双唇上即可。这样既不会太夸张，也有漂亮醒目的红唇啦。

李丹妮（摄影：韦来）

皑皑冬日 永不落伍的烟熏妆

高圆圆（摄影：冯海）

烟熏妆是突破了自古眼线和眼睛泾渭分明的老规矩，在自睫毛根到眉骨之间的眼窝部分由深到浅漫成一片的新画法。因为看不到色彩间相接的痕迹，如同烟雾弥漫，而又以黑灰色为主色调，看起来像炭火熏烤过的痕迹，所以被形象地称作烟熏妆。因为烟熏妆能够放大眼睛，让眼睛变得有神，因此是时尚圈里永远不会落伍的妆容。

我喜欢把烟熏妆分为大烟熏和小烟熏。所谓大烟熏妆容感较重，也比较适合隆重的场合。而小烟熏则轻巧而随意，即使平日和朋友外出逛街都不会显得过分夸张。

小烟熏打造法

第一种方法

1. 使用灰色眼蜜涂抹在整个上眼皮，愈靠近外围使用量愈少。

2. 深灰色眼影从眼际往上晕染到上眼窝及下眼睑后 1/2 的范围。

3. 黑色眼影刷双眼皮折区域，眼睛内双的话，则刷到张眼能看到颜色的范围。

4. 同样用黑色眼影刷在下眼睑后 1/3 区域当下眼线。

5. 使用珠光银白色眼影打亮眉骨和眼头，最后刷上睫毛膏即可。

第二种方法

1. 使用烟熏妆专用黑色眼线笔，画出一条略粗的上眼线。

2. 再用棉棒将上眼线轻推晕开，以保留色感，除去线条感。

3. 直接将灰色眼影叠擦在上眼皮，此时就会产生自然渐层。

4. 用步骤 3 眼影棒的余粉直接画在下眼睑后 1/3 的范围。

5. 接着打亮眉骨和眼头后，务必将睫毛夹翘，刷上浓密型睫毛膏。

大烟熏打造法

大烟熏妆的重点就是用层叠的眼影制造大胆而深邃的效果。眼影必须一层层地小心盖上。如果技巧不对，那眼妆会显得非常脏。

1. 用液状眼蜜薄薄一层先打底，粉会更牢，切忌量多会造成卡粉结块。

2. 深灰色涂满整个眼窝，由深画到浅，用最深色涂满整个眼窝。

3. 紫灰色画在眼凹，强调深邃感。

4. 浅灰色刷在两色中间，模糊界线，再轻刷眉头及下方，颜色更一气呵成。

5. 最浅色打亮眉骨及眼头，更能突显眼窝的深邃。

6. 粉色珠光眼影刷 C 区：带珠光的粉色刷在眼下、眼尾及外 C 区，让眼周干净、白皙。

7. 细眼影棒蘸银灰色沿下睫毛根部，从眼尾带到眼头前 1/3。

8. 用最浅色打亮眼下，让肤色更白净，对比眼窝的优雅质感。

模特李浩一（摄影：时绍原）

（摄影：陈漫）

李冰冰（摄影：陈漫）

Part 4

把最特别的给美美的你

我一直坚持认为，自己是自己最好的造型师——特别是当你非常清楚自己的优点和缺点的时候，你就拥有了更大的发挥的空间，而且失误率很低。记住，有风险的创意才能引领潮流。而化妆也是一样。化妆品其实不需要那么规规矩矩地使用，有突破才好玩儿。

1. 万变假睫毛
2. 瘦美人打造法
3. 各类妆容

睫毛革命

千变万化的电眼神器

高圆圆（摄影：韦来）

早在 1919 年，著名的化妆师 Max Factor 蜜丝佛陀先生为了增强好莱坞明星的戏剧表现力发明了假睫毛，这一发明一下掀起了时尚界的“睫毛革命”，明星们从此再也离不开假睫毛，在各大场合大秀美丽睫毛。

但是假睫毛并非明星或者秀场的专利，如果能够自由运用好假睫毛，无论是营造日常妆容，或者是打造夸张的派对妆效或者出席隆重的庆典，都能营造出多变而醒目的效果。

不同的假睫毛能带来不同的妆效：如中间段较长的假睫毛，可使眼睛圆亮；想增加性感指数，能拉长眼尾的假睫毛最适合。

最基础的假睫毛技巧

Step 1：先将假睫毛柔软化

在粘假睫毛之前，一定要先帮你的假睫毛按摩，所谓的按摩是要先将假睫毛的梗转一转，将假睫毛小弧度折弯，让它更加柔软服帖。（最好选择梗比较软的假睫毛，比较自然，不容易在两头翘起来。）

Step 2：依照自己的眼型对假睫毛进行修剪

通常在戴假睫毛的时候，都应该要依照自己的眼型来修剪，根据自己眼睛的宽度，把假睫毛剪出同样长度。修剪的时候要从假睫毛长的那一端开始剪起，这样看起来才会比较自然。

Step 3：在假睫毛边缘涂上少许黏合胶

在假睫毛边缘涂上少许黏合胶，因两端容易脱落，用量应稍多一些，黏合胶不要粘在假睫毛上。如果想让假睫毛卷翘更明显，就将睫毛胶刷在假睫毛根部的上侧。

Step 4：戴上假睫毛

由于黏合胶临干时黏合力最强，要过大约 5 秒钟以后，也就是待黏合胶快干的时候，要把假睫毛弯一弯，使之变柔软。调整好假睫毛的角度，先粘眼部中间，因为这里弧度最难掌握，之后是眼尾，最后是眼头。再用镊子调整位置，令它与真睫毛完全贴合。用手按 10 秒钟左右，使真假睫毛完全糅合，在确保假睫毛已经粘贴牢固后，用纤长型睫毛膏将真假睫毛刷在一起。

进阶一：半副假睫毛的贴法

半副假睫毛能加强眼尾弧媚度，使用方法也很简单：

Step 1

先描绘眼线，以免假睫毛的间隙使眼妆不自然。

Step 2

以睫毛夹把真睫毛夹出完美弧度，使之与后续贴上的假睫毛弧度相当。

Step 3

将假睫毛稍加凹折过、修剪出适合眼型的长度，并确定较长的一端是眼尾，不要贴错。

Step 4

在假睫毛接合处涂上黏合胶，等数秒后再黏；黏上去前，可在假睫毛前后两个端点多上一点儿胶，以免假睫毛容易翘起。

Step 5

轻轻靠近睫毛根部，服帖在眼皮，再刷上睫毛膏，让真假睫毛自然融合。

进阶二：下眼线假睫毛的贴法

用单株假睫毛来增强下眼线，不仅能放大眼睛，还会显现出洋娃娃般的无辜眼神。

Step 1

选择自然感单株假睫毛，搭配镊子夹起。

Step 2

确定假睫毛的弧度，再使用黏合胶，黏时靠在睫毛与睫毛中间。

Step 3

下睫毛的长与短可自己设计，如长与长的假睫毛中间可放短的，或中间长，两边短，将有不同效果，但间隔要一致。

Step 4

单株假睫毛无法回收再使用，消耗量大，若失败也不要灰心，一定要反复练习，才会有令人满意的效果。

进阶三：双层假睫毛的贴法

如果想要睫毛更加浓密，甚至可以用双层眼睫毛来打造大眼效果。双层假睫毛的使用方法更加变化多端，要根据个人不同情况来设计。比如：

将第二层睫毛的粘贴位置相应地向外眼角外延长约0.3厘米至0.5厘米，能明显拉长双眼。

或，第一层假睫毛选择长短均一、比较自然纤长的，第二层假睫毛选择长短不一地紧贴第一层假睫毛的根部贴上。

或，第一层假睫毛选用全长的，第二层假睫毛使用半长的，沿着第一层的根部贴在眼睛根部。

Tips

假睫毛怎么卸？

看起来似乎很简单？但是，卸睫毛的时候可千万别直接就从眼睛上撕掉哦！这样会让你的眼皮越来越松，而且还有可能带着你自己的睫毛一起撕掉。所以卸睫毛的时候要用眼部卸妆油卸下来。

一般假睫毛可以反复使用两三次的，但一定要把前一次上面的胶卸掉哦！这样的话再用的时候才会效果一样的好！

模特夏敏洁（摄影：陈漫）

周迅（摄影：陈准）

Q&A

经常被问到的问题：贴假睫毛必备什么？

人之答：镊子、睫毛夹、专用假睫毛胶水以及睫毛膏是必备的。假睫毛一般分为浓密型、自然型，可依照个人造型来选择。（判断假睫毛的好坏主要看光泽，太亮的比较假。其次就是软硬程度，太硬的戴起来会不舒服，太软的很容易脱落。）

瘦美人制造

“深色收缩，浅色膨胀”

范冰冰（摄影：陈漫）

遵循“深色收缩，浅色膨胀”的色彩原则，想要达到丰富而立体的收窄效果，重点是针对不同的位置，深色用在要收缩的位置，浅色用在身体部位中心的位置，珠光的浅色用来提亮，制造出脸部甚至身体的层次感。

粉底瘦脸法

在较突出的T字部位使用浅白色粉底，强调五官的立体效果，造成视觉上的集中。而在两颊使用肤色粉底，可使脸颊看起来较瘦。此外，在脸部周围使用比肤色深一点儿的修容饼或蜜粉，更能修饰脸部的线条，给人小脸的印象。

具体方法

1）取适量浅白色粉底涂抹于T字部位，并轻轻地推开；眼睛下方亦使用少许白色粉底。

2）利用指腹将肤色粉底在脸颊部分仔细而均匀地推开。

3）将蜜粉薄薄地按压在脸上，然后利用刷子蘸取颜色较深（比肤色深）的蜜粉或修容饼，于下颌线补刷一道。

阴影修容瘦脸法

修容粉可以立竿见影地起到改变脸型的神奇效果。首先，嘬起两腮，颧骨下方会看出明显凹陷，用斜头刷由太阳穴到鼻翼的方向扫上修容粉，靠近发际线较深，越往中部越浅，长度最长不能超过外眼角的垂直线。最后扫上蜜粉，加强不同深浅粉底的融合，让妆容看起来更加自然。

腮红瘦脸法

选择轻柔的自然色腮红刷抹靠近面部中心的脸颊处；再使用略深的自然色胭脂刷抹颧骨下方，加强脸部轮廓。

用接近肤色但比肤色稍深的腮红从脸颊斜斜地往太阳穴刷去，利用视觉上的错觉使得脸部有拉长的效果。再将刷子上的余粉淡淡地补刷在下巴处。

眼廓瘦脸法

用闪金褐眼影能达到不错的小脸功效。具体做法是把眼影打在外眼角上，在视觉上把眼睛的距离拉大一点儿，脸就显得小了。如果想让眼部妆容更立体，又不想有过多的化妆痕迹，可以在眼珠前方位置用亮金色做点缀，然后用手指轻轻晕开就可以了。

将自己的五官中的重点强调出来。比如用假睫毛或者扩大瞳孔效果的隐形眼镜，让眼睛明亮深邃，也是不错的眼廓塑造瘦脸法。

鼻型打造瘦脸法

亚洲女孩子的鼻梁普遍不高挺，其实都不用特别去买深色造型粉来塑造立体鼻形，用亚光的棕色眼影在眉头和鼻梁中间的位置向上晕开，就会有很自然的立体效果了。另外，也可以把柔粉杏色腮红刷在下巴、鼻梁以及上额发际线位置，能让脸部的整体轮廓感加强不少。

古铜肤色更显瘦

古铜肤色让身材适度的健康型女孩更显瘦，但并不是任何人都适合这个肤色。身材适度的健康型美女最适合。肤色要晒得均匀有光泽，绝对不能脏脏、黑一块黄一块。在晒太阳的时候，均匀涂抹防晒产品很重要。借助日晒加深肤色，控制好日晒时间的同时，要随时注意因为流汗或者下水引起的防晒品流失，随时注意补擦工序，保证晒出均匀有光彩的小麦色。

展现身体的纤瘦部位

如果腿比较细，就尽量多穿短裙；如果有漂亮的锁骨，可以大胆露出来，甚至在这些部位用闪粉增强视觉效果。

周冬雨（摄影：时绍原）
懵懂可爱萝莉妆

日本相当流行画这种可爱妆容：以粉嫩系的彩妆，搭配眼线突出眼部，营造眼神透露出的无辜与可爱。化妆的精髓是强调冲突对比的感觉，创造出性感的吸引力。

这种妆容并非适合所有人，要注意比较适合大眼睛或者眼睛比较圆的姑娘。嘴唇越有肉感越好。如果你是高颧骨，薄嘴唇，这种妆容就不是很适合你。

妆容重点在于打造大眼效果，但不可以用很浓重的眼影，这样会失去清纯感。

首先，使用指腹蘸取带有珠光的银色眼影膏，大面积涂抹在上眼窝处。再使用指腹蘸取带有珠光的粉肤色眼影膏，涂抹在卧蚕处。

随后，使用睫毛夹，沿着睫毛根处往上提拉，创造出卷翘的睫毛效果。

选择黑色眼线笔，将眼皮往上拉，沿着睫毛根处（内侧）描绘出细致隐形的内眼线。选择浓密型的睫毛膏，沿着睫毛根处描绘出浓密的睫毛效果。

再使用眼影刷蘸取带点儿咖啡粉色的眼影，刷在上下眼尾 1/3 处。使用刷子蘸取带点儿珠光效果的蜜粉，轻刷在 T 字部位，创造出带点儿光泽的立体效果。最后再蘸取带有珠光效果的蜜粉，刷在眼下，让眼型看起来更立体。

黄奕（摄影：陈漫）

大红大紫的 Lady Gaga，她的浓重眼妆绝对是她特立独行的标志之一。她懂得浓黑眼妆的特别之处不仅在上眼线，下眼睑的描绘也同样重要，大大的烟熏配上煞有特点的假睫毛，会让整个眼睛都神秘起来，十足的哥特风。那么哥特式妆容怎么打造呢？

哥特妆基本上以虚弱的白和尖锐的黑形成鲜明的对比。重点在眉妆、眼线和唇部的打造。哥特妆很讲究轮廓性和线条感，对于本身面部比较扁平的东方人来说，如何打造出妆容的轮廓性是重点。基本上，并不提倡把所有的哥特元素都附加在脸上，长弯细眉，粗长且锋利的眼线，暗色亚光嘴唇，这些哥特风格的细节，只选取 1~2 个来体现就足够了。

冷酷的中性风格

哥特主义的精髓在于冷酷的精气神，如果担心味道不浓，简单涂个黑色指甲油，就可以传递哥特气息。妆容方面，灰黑色的眼线是重点，以眼线勾画出上下眼的轮廓，再沿着眼线涂上冰蓝色眼影，制造烟熏效果。最后，用一抹冷色调的春色作为这个妆容的完美落笔。

哥特式洛丽塔

善于吸收和改良的日本人将哥特风加入了可爱的元素，成就了独树一帜的哥特洛丽塔风格。主要细节体现在用黑色和灰色的眼影从鼻翼下面到眉下的范围中延展。在内眼角处加入高光，凸显出清洁感；唇部使用较深的杨李色或红莓色。

安迪·沃霍尔的波普眼妆

袁立（摄影：陈漫）

（摄影：韦来）

鲜艳的颜色如果用在全脸未免太张扬，因此全脸一个重点足矣。比如用鲜艳的眼影配涂过透明唇蜜的裸唇，或用艳色唇蜜搭配只画过黑色眼线的简洁眼妆。

高饱和度的产品，在使用前最好先在手背上试色，有些显色力强的眼影可能蘸一点儿就有明显的色彩，斟酌好用量再上手。

可能你大部分眼妆都是保险的咖啡色系，这时鲜艳颜色的眼影可以在眼尾部分用少量覆盖在保守的咖啡色上，让老色彩增加新感觉。

红色系节日妆容

夸张而夺目的红色系列妆容，非常难以驾驭，但最能营造出众的效果。我曾经拍过一组红色系列妆容的片子，将红色以不同的手法运用在不同的位置，所取得的效果也大相径庭。我特别喜欢袁立的红色妆容，大胆而浓烈的红色眼影，性感而精致的红色樱唇，她绽放出一种霸道而温柔的美丽。

黎伟珊（摄影：陈漫）

模特王潇（摄影：陈漫）

精致而霸道的红唇之美

底妆一定要非常均匀，整个妆容只需要强调红色的眼影和唇膏，眼影的涂抹要注意造型感，眼头晕染面积略大，眼尾呈鱼尾状上扬，可适当借助高光提升立体感及光影效果，尤为适合东方女性，较单一红唇更丰富、柔和。

模特于笑（摄影：陈漫）

精细红色眼线

精细与浅淡是关键词。亚洲人的眼睛很难驾驭红色，特别是大面积的晕染，因此，用眼影刷蘸取红色眼影淡淡晕染下眼线部位以及上眼尾处最为精彩，这点小小的改变会让你的眼神带点儿妖娆的意味，在烛光下别具风情。

（摄影：陈漫）

20 世纪 30 年代的上海滩风情

闪耀度与和谐感是关键。如果你想要独具风情的妆效或者派对女王的气势不妨在上眼睑粘些红色亮片，并强调浓密睫毛，整个人会被即刻点亮，同时既优雅又特别。如果不想太夸张，用高亮的红色闪粉或者金属质感眼影也有很好的效果，但要注意眼周与双颊的红色过渡，否则眼妆会显得太过突兀。

模特于笑（摄影：陈漫）

营造喜剧感

樱唇与渐变晕染是关键。为双唇打底后，在上唇唇珠与下唇中央涂抹正红色唇膏，不必过于强调边缘轮廓。雪白肤色会太过刻意，略显健康的肤色其实也很有韵味。放弃精细眉形与眼线的勾画，而用渐变的红色晕染更具东方柔美感。

陆毅（摄影：韦来）

Part 5

把最干净的给俊朗的他

男生的皮脂腺和汗腺都比女性大，皮肤酸度也比女性高，分泌的皮脂和汗液多，脸上和身上的毛发也粗而浓。并且他们较女性更常在条件艰苦的环境下从事各项脏活、累活，皮肤更容易受污染、变黑、变粗糙。因此，男性更应该对皮肤进行科学、合理的护理和保养。

很多男生不知如何保养，长年累月用清水洗脸，顶多往脸上涂些滋润的东西了事。当他们开始有觉悟要好好对待皮肤的时候，脸上往往已经出现了无法挽回的问题。这里我们化繁为简，和爱美的男生来讨论两个最基础的问题：

1. 基础护肤
2. 男生彩妆

持之以恒

男性基础护肤三部曲

模特路畅（摄影：韦

就像这个篇章开头所说，男生大部分的皮肤特点是分泌物较多，因此皮肤容易产生油腻、毛孔粗大等问题。因此大部分男士护肤产品会贴心地在产品中较多考虑控制油脂分泌、保持肌肤清爽滋润的功用。

基础步骤解决大量肌肤问题

对于大部分男生而言，每天花几分钟完成三个基本步骤，持之以恒，能解决大部分肌肤问题。

Step 1：洁面

早晚使用清洁力较强的洗颜产品，能彻底洗去多余的污垢、油脂。不过别以为洁面越多越好，过多洁面产品只会刺激皮肤分泌更多油脂，如觉得油分分泌过多，可以少量使用吸油面纸。

Step 2：爽肤

洁面后拍上适合自己肤质的爽肤水，能瞬间收敛皮脂分泌，收细毛孔，亦能平衡皮肤酸碱度；如经常长暗疮，可用含杀菌或吸油粉末的爽肤水，加强控油杀油功效。

人之推荐的男士护肤品

OlayMEN 男士净爽毛孔洁面仪，深层清洁，帮助清除污垢油脂，去除老化角质，优于手动清洁，可与专业洁肤仪的功效相媲美。

OlayMEN 男士控油净爽保湿露。劲爽保湿，调理肌肤水油平衡，独特的清爽凝露质地，感觉轻松吸收，令肌肤迅速劲爽水润，蕴含维生素 B3、青瓜萃取物和矿物精华配方，润泽肌肤，清爽不油腻。

OlayMEN 男士控油冰爽洁面泥，冰感清凉，矿物泥的强劲吸附能力，迅速洗去油脂，配方有效掌控面部油光。

男士净爽毛孔洁面仪

男士控油净爽保湿露

男士控油冰爽洁面泥

Step 3：保湿

清除油脂是治标，减低油分分泌才是治本，要做到这一点，必须保存皮肤里的水分，但又不要增加油脂负担，因此，质地清爽的例如清爽无油配方的保湿露、保湿凝胶，是洁面爽肤后的必需品。另外市面上更有一些能抑制油脂分泌的产品，不过要尽量避免暗疮位置，以避免情况恶化。

Tips

使用爽肤水时，往往容易被男生忽略的问题：

保湿型的爽肤水，用手拍打或用棉片擦拭都可以；但清洁型的爽肤水最好使用棉片，因为只有通过棉片的擦拭，残留的污垢和老化角质才能被清洁掉。

不要等到爽肤水干透了才擦面霜，因为这样爽肤水在蒸发时反而会带走肌肤水分。

当皮肤干燥脱皮时，可以用爽肤水湿敷的办法来急救。具体方法是，将保湿型爽肤水倒在分层式棉片上，然后将棉片均匀撕成几份敷于干燥部位，三分钟后取下并涂抹护肤品。

Q&A

经常被问到的问题：男生可以使用女性护肤品吗?

人之答：其实男士的油脂分泌较女性旺盛，因此多数标明专为男士而设计的产品都适合油性肌肤，香味也比较男性化。女性护肤品理论上对男生皮肤没有坏处，如适合男生肤质而气味亦能接受就可以使用。

Q&A

经常被问到的问题：我怕黏黏的感觉，怎么样才可以避免脸部的负担感？

人之答：男生常常把追求“零负担”作为评价男士好产品的标准之一。市面上的确有很多不错的清爽型的润肤露，不油腻，会让脸部感觉轻松并迅速渗透，形成一层保护膜美容护肤，有效锁住肌肤内水分，给肌肤持久的润泽。

Q&A

经常被问到的问题：护肤和剃须的正确顺序是怎样的？

人之答：首先，刮胡子应选择在早晨，因为此时脸部和表皮都处于放松状态。要选择品质好、刺激性小的剃须膏、剃须皂和温和的剃须水。先净面，待毛孔放松张开、胡须变软再开始剃须。操作时顺序应从鬓角、脸颊、脖子到嘴唇周围及下巴。剃须后，用温水洗脸，再用凉水冲一遍，以利于张开的毛孔收缩复原。之后，涂些润滋液、滋润霜等，以安抚皮肤，减少刺痛。

模特许博朗（摄影：韦来）

男人为什么需要化妆呢？绝对不是为了像女性那样美丽动人和强调美白。男生的彩妆主要目的是修饰脸部轮廓线条，让自己看起来比较精神；如果有皮肤问题，彩妆可以帮助掩盖轻量级的痘痘或者其他瑕疵。通过彩妆，男人能够修整过于暗沉的肤色，或者调整让稀疏的眉毛看起来较为浓密，等等，使男生拥有更完美的仪表。

粉底的选择

为了更自然的妆效，避免过浓的妆容感，建议男生使用液态粉底。好的粉底液在使用后会有非常自然的效果，能够遮盖肤色不均，同时又自然清透。至于色调方面，建议不要选择太白的粉底，主要以棕色调或者橘色调，贴近肤色的粉底为主，以健康肤色作为化妆技巧的重点。

妆容基本技巧

Step 1

在开始基础化妆之前，首先需要进行一定的基础保养。比如脸部的保湿和控油精华液、乳液和眼霜等，其实就是早上洗完脸、刮完胡子并做好基础的保养动作（化妆水、保湿、控油等）。这些可以避免脱皮和过度的油光破坏妆效。

Step 2

妆前将整脸均匀地抹上饰底乳或隔离霜，并注意选用含防晒功能的产品。隔离的作用顾名思义就是将清洁的肌肤和外界污浊的空气等隔离开，达到保护肌肤的目的。其实除了这个基本作用之外，好的隔离产品还可以阻挡紫外线的侵害，甚至可以一定程度地修正肌肤的颜色。专业的男士隔离霜产品使用的效果不会有任何油腻的感觉，会给你一整天的清爽感觉。

吴彦祖（摄影：冯海）

Step 3

以五指中力道最轻柔的无名指，蘸取遮瑕膏或以质地较厚的粉条轻点，涂抹修饰掉青春痘、痘疤、黑痣、毛孔粗大的鼻头等局部小瑕疵，再以小笔刷或手指蘸取遮瑕膏（可先将过多的产品蘸于手背），以轻点的方式修饰眼周的细纹和眼袋。

Step 4

将液态粉底以点状点在额头、鼻梁、双颊、下颌，再运中指、食指，从内往外快速均匀抹散，但是需要注意的是脸部与发际和下巴与颈部交接处要抹匀，不要颈部与脸部产生过渡肤色落差，主要方法是采用由上向下涂抹，这样整体看起来会比较自然。

Step 5

眼线是一个不太容易掌握的技巧，但是能帮助男生瞬间从睡眼惺忪的状态醒来。技巧是用手指把上眼皮稍微向上翻，用黑色眼线胶把睫毛根部的空隙画满即可。千万小心不要画出一条明显的眼线。我推荐使用眼线胶，更持久、不易晕染，对于经常流汗出油的男生来说很合适。

Step 6

利用大笔刷蘸上蜜粉，将多余的粉略微抖掉后在全脸轻扫，并于T字部位加强，以作定妆和控油的功效。定妆粉具有增加粉底附着力的作用，防止皮肤因为油脂和汗液分泌而引起掉妆现象；同时隔离脏空气附着在较黏稠的遮瑕品上，保持妆面干净清爽。担心粉感太重的男生可省略这个步骤。

Step 7

用比肤色深一号的蜜粉，从颧骨处往斜下方刷，尤其是下颚部位可以加强，让脸型更立体，还有小脸效果。

Step 8

和平时的唇部保养一样，利用修护或妆前产品抚平唇部细纹后，再涂上一层透明护唇膏，展现出自然的自信风采，保护唇部，呈现自然健康的色彩。